Grammar Joy
중등 영문법

1b

저자 **이 종 저**

이화여자대학교 졸업
Longman Grammar Joy 1, 2, 3, 4권
Longman Vocabulary Mentor Joy 1, 2, 3권
I am Grammar 1, 2권
Grammar & Writing Level A 1, 2권 / Level B 1, 2권
Polybooks Grammar joy start 1, 2권
Polybooks Grammar joy 1, 2, 3, 4권
Polybooks Grammar joy 중등 영문법 1a,1b,2a,2b,3a,3b권
Polybooks 문법을 잡아주는 영작 1, 2, 3, 4권
Polybooks Grammar joy & Writing 1, 2, 3, 4권
Polybooks Bridging 초등 Voca 1, 2권
Polybooks Joy 초등 Voca [phonics words] 1, 2권

저자 **박 영 교**

서울대학교 졸업
前 강남 IVY 영어학원 대표 원장
길벗스쿨 한 문장 영어독해 무작정 따라하기

감수 **Jeanette Lee**

Wellesley college 졸업

Grammar Joy 중등 영문법 1b

지은이 | 이종저, 박영교
펴낸곳 | POLY books
펴낸이 | POLY 영어 교재 연구소
기 획 | 박정원
편집디자인 | 박혜영

초판 1쇄 인쇄 | 2015년 10월 30일
초판 20쇄 인쇄 | 2023년 4월 15일

POLY 영어 교재 연구소
경기도 성남시 분당구 황새울로 200번길 28 (수내동, 오너스타워)
전 화 070-7799-1583 Fax (031) 262-1583

ISBN I 979-11-86924-79-2
979-11-86924-77-8 (세트)

Grammar Joy
중등 영문법

1b

POLYBOOKS

Preface

먼저 그 동안 Grammar Joy Plus를 아껴 주시고 사랑해 주신 분들께 감사를 드립니다. 본 책의 저자는 Grammar Joy Plus를 직접 출간하게 되었습니다. 저자가 직접 출간하게 된 만큼 더 많은 정성과 노력을 들여 미흡하였던 기존의 Grammar Joy Plus를 완전 개정하고 내신문제를 추가하였으며, 책 제목을 Grammar Joy **중등영문법**으로 바꾸어 여러분께 선보이게 되었습니다.

모든 교재에서 키포인트는 저자가 학생들의 눈높이를 아는 것입니다. 같은 내용의 문법을 공부하더라도 그 내용을 저자가 어떻게 쉽게 풀어 나가느냐 하는 것이 가장 중요하며, 이에 비중을 두어 만든 교재야말로 최상의 교재라고 생각합니다. Grammar Joy **중등영문법**은 저희가 오랜 현장 경험을 바탕으로 이 부분에 초점을 맞추어 만들었습니다.

첫째, 본 교재는 비록 처음 접하는 어려운 내용의 문법일지라도 학생들에게 쉽게 학습효과를 얻을 수 있도록 설명하였습니다. 학생들이 small step으로 진행하면서 학습 목표에 도달할 수 있도록 쉬운 내용부터 시작하여 어려운 내용까지 단계별로 구성하였습니다.

둘째, 시각적으로 용이하게 인식할 수 있도록 문제의 틀을 만들었습니다. 문장의 구조를 도식화하여 설명과 문제 유형을 만들었으므로, 어렵고 복잡한 내용도 쉽게 이해하고 기억에 오래 남을 수 있습니다.

셋째, 쉬운 단어로 구성했습니다. 학습자들이 문장 중에 어려운 단어가 많으면 정작 배워야 할 문법에 치중하지 못하고 싫증을 내고 맙니다. 따라서 학습자 누구나 단어로 인한 어려움 없이 공부할 수 있도록 단어를 선별하였습니다.

넷째, 생동감 있는 문장들을 익힐 수 있도록 하였습니다. 실생활에서 사용되어지는 문장들을 가지고 공부함으로써 현장에 적용시킬 수 있습니다.

다섯째, 풍부한 양의 문제를 제공합니다. 최대의 학습 효과를 얻기 위해서는 학생 스스로가 공부하는 시간을 많이 가지는 것입니다. 또한 많은 문제를 제공함으로 학생 스스로 문제를 풀어 가면서 문법 내용을 본인도 모르는 사이에 저절로 실력 향상을 이룰 수 있습니다.

본 교재를 비롯하여 Grammar Joy Start, Grammar Joy, Grammar Joy **중등영문법**을 연계하여 공부한다면 Grammar는 완벽하게 이루어질 것입니다.

특히 저자가 직접 출간한 교재는 타사의 본 교재를 흉내낸 교재들이 따라 올 수 없는 차이점을 느끼실 수 있습니다. 아무쪼록 이 시리즈를 통하여 여러분의 영어 공부에 많은 발전이 있기를 바라며 함께 고생해 주신 박혜영, 박정원께도 감사를 드립니다.

저자 이종저 박영교

Contents

Series Contents

Guide to This Book

이 책의 구성과 특징을 파악하고 본 책을 최대한 여러분의 시간에 맞춰 공부 계획을 세워 보세요.

1 Unit별 핵심정리

예비 중학생들이 반드시 알아 두어야 할 문법들을 체계적으로 간단 명료하게 unit별로 정리하였습니다.

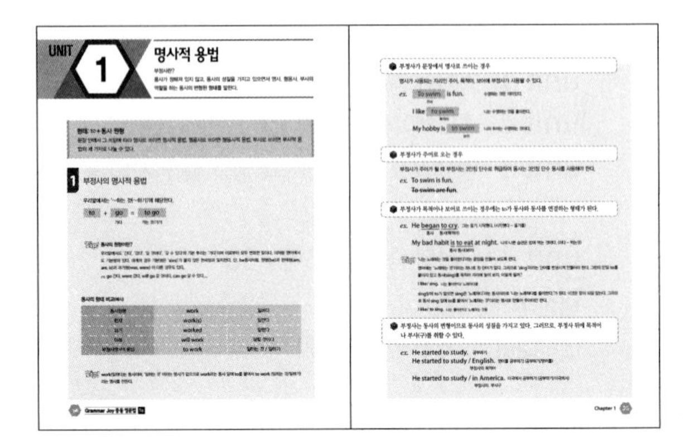

2 핵심 정리

좀 더 심화된 문법을 배우기전 이미 학습한 내용을 정리하여 쉽게 복습할 수 있도록 하였습니다.

3 기초 test

각 unit별 필수 문법을 잘 이해하고 있는지 기초적인 문제로 짚어 보도록 합니다.

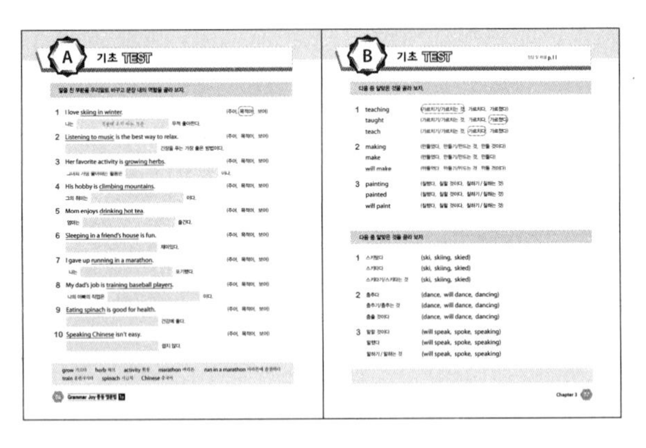

4 기본 test

기초 test 보다 좀 더 어려운 문제를 풀어 봄으로써 핵심 문법에 좀 더 접근해 가도록 하였습니다.

5 실력 test

좀 더 심화된 문제를 통하여 문법을 완성시켜 주도록 하였습니다.

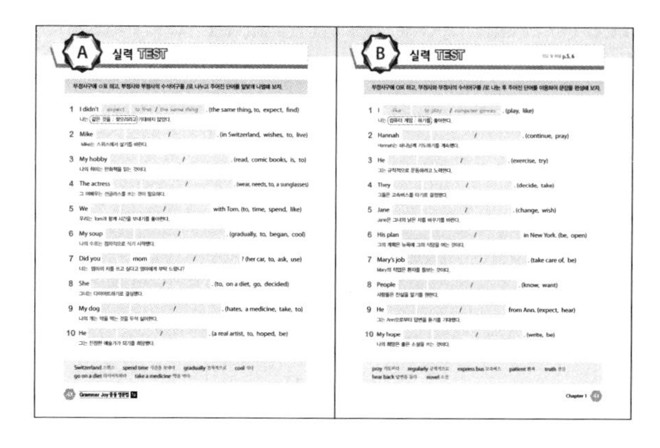

6 내신대비

지금까지 배운 내용을 내신에 적용할 수 있도록 문제 유형을 구성하였고 이를 통해 시험 대비 능력을 키울 수 있도록 하였습니다.

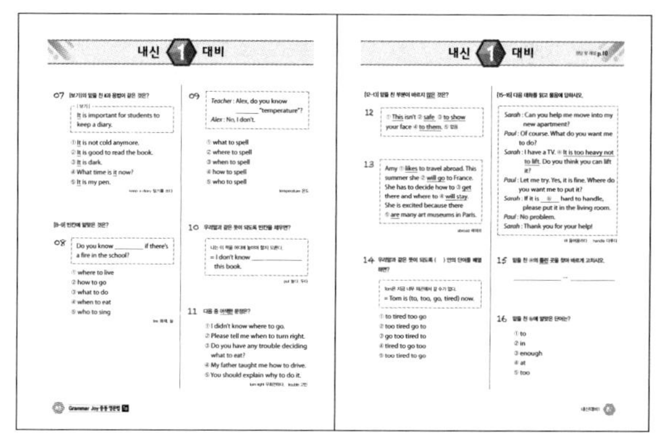

7 종합 문제

본 책에서 공부한 내용을 총괄하여 문제를 구성하였으므로 이를 통하여 학습 성과를 평가할 수 있습니다.

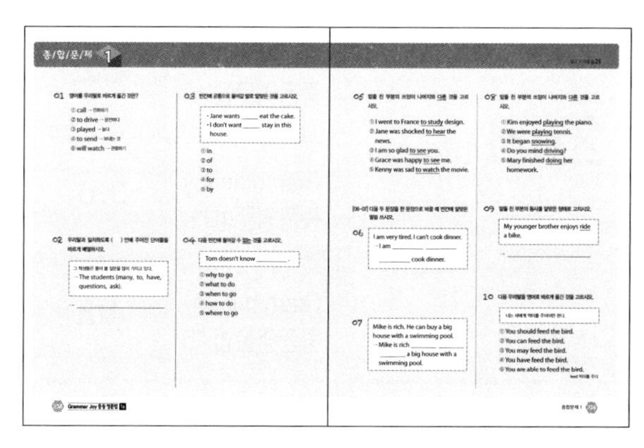

8 영단어 Quizbook

본 책의 학습에 필요한 단어들을 사전에 준비시켜 어휘가 문법을 공부하는데 걸림돌이 되지 않도록 하고 학생들의 어휘 실력을 향상시킬 수 있도록 준비하였습니다.

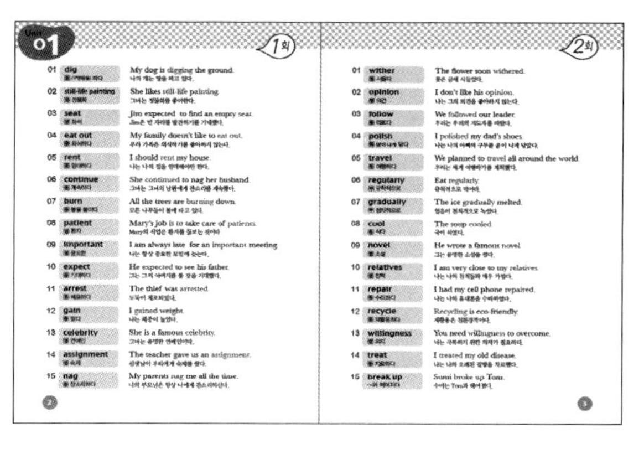

How to Use This Book

Grammar Joy 중등영문법 Series는 총 6권으로 각 권당 6주 총 6개월의 수업 분량으로 이루어져 있습니다. 학생들의 학업 수준과 능력, 그리고 학습 시간에 따라 각 테스트를 과제로 주어 교육 과정 조정이 가능합니다. 아래에 제시한 학습계획표를 참고로 학교진도에 맞춰 부분적으로 선별하여 학습을 진행할 수도 있습니다.

Month	Course	Week	Hour	Part	Homework/ Extra
1st Month	Grammar Joy 중등영문법 1a	1st	1 2 3	문장의 구성 부정사 A	▶chapter별 단어 test는 과제로 주어 수업 시작 전에 test
	Grammar Joy 중등영문법 1a	2nd	1 2 3	부정사 B 동명사	▶각 chapter별 내신대비는 과제로 주거나 각 chapter 수업 후 test
	Grammar Joy 중등영문법 1a	3rd	1 2 3	분사	
	Grammar Joy 중등영문법 1a	4th	1 2 3	조동사	
2nd Month	Grammar Joy 중등영문법 1a	1st	1 2 3	수동태	
	Grammar Joy 중등영문법 1a	2nd	1 2 3	현재완료	
	Grammar Joy 중등영문법 1b	3rd	1 2 3	명사와 관사	
	Grammar Joy 중등영문법 1b	4th	1 2 3	대명사	
3rd Month	Grammar Joy 중등영문법 1b	1st	1 2 3	형용사와 부사	
	Grammar Joy 중등영문법 1b	2nd	1 2 3	비교 전치사	
	Grammar Joy 중등영문법 1b	3rd	1 2 3	명사절과 상관 접속사	
	Grammar Joy 중등영문법 1b	4th	1 2 3	부사절	▶종합 test는 각 권이 끝난 후 evaluation 자료로 사용한다

Month	Course	Week	Hour	Part	Homework/ Extra
4th Month	Grammar Joy 중등영문법 2a	1st	1 2 3	부정사 A	▶chapter별 단어 test는 과제로 주어 수업 시작 전에 test
	Grammar Joy 중등영문법 2a	2nd	1 2 3	부정사 B	▶각 chapter별 내신대비는 과제로 주거나 각 chapter 수업 후 test
	Grammar Joy 중등영문법 2a	3rd	1 2 3	동명사	
	Grammar Joy 중등영문법 2a	4th	1 2 3	분사 구문	
5th Month	Grammar Joy 중등영문법 2a	1st	1 2 3	조동사 수동태	
	Grammar Joy 중등영문법 2a	2nd	1 2 3	완료	
	Grammar Joy 중등영문법 2b	3rd	1 2 3	비교 명사절	
	Grammar Joy 중등영문법 2b	4th	1 2 3	부사절과 접속부사	
6th Month	Grammar Joy 중등영문법 2b	1st	1 2 3	관계대명사 A	
	Grammar Joy 중등영문법 2b	2nd	1 2 3	관계대명사 B	
	Grammar Joy 중등영문법 2b	3rd	1 2 3	시제의 일치와 화법	
	Grammar Joy 중등영문법 2b	4th	1 2 3	가정법	▶종합 test는 각 권이 끝난 후 evaluation 자료로 사용한다

Month	Course	Week	Hour	Part	Homework/ Extra
7th Month	Grammar Joy 중등영문법 3a	1st	1 2 3	부정사	▶chapter별 단어 test는 과제로 주어 수업 시작 전에 test
	Grammar Joy 중등영문법 3a	2nd	1 2 3	동명사	▶각 chapter별 내신대비는 과제로 주거나 각 Chapter 수업 후 test
	Grammar Joy 중등영문법 3a	3rd	1 2 3	분사	
	Grammar Joy 중등영문법 3a	4th	1 2 3	분사구문	
8th Month	Grammar Joy 중등영문법 3a	1st	1 2 3	조동사	
	Grammar Joy 중등영문법 3a	2nd	1 2 3	수동태 명사와 관사	
	Grammar Joy 중등영문법 3b	3rd	1 2 3	대명사	
	Grammar Joy 중등영문법 3b	4th	1 2 3	형용사와 부사	
9th Month	Grammar Joy 중등영문법 3b	1st	1 2 3	비교	
	Grammar Joy 중등영문법 3b	2nd	1 2 3	관계사	
	Grammar Joy 중등영문법 3b	3rd	1 2 3	가정법	
	Grammar Joy 중등영문법 3b	4th	1 2 3	전치사 특수 구문	▶종합 Test는 각 권이 끝난 후 evaluation 자료로 사용한다

Chapter 1

명사와 관사

UNIT 1

명사의 종류

1 셀 수 있는 명사 와 셀 수 없는 명사

셀 수 있는 명사 (가산명사)

보통명사	단수 복수	사람이나 사물 중에서 셀 수 있는 것 *ex.* boy, girl, pen, book, cup...
집합명사	단수 복수	사람이나 사물이 여럿 모여 만들어진 집합 *ex.* family, class, team, crowd, group, committee...

집합명사의 단/복수

ⓐ 그 집합 구성체를 하나로 간주할 때는 단수 취급한다.

ex. The family **is** large. 그 가족은 크다 (인원이 많다).

ⓑ 그 집합 구성체 각 각을 의미할 때는 복수 취급한다.

ex. The family **are** all fat. 그 가족들은 모두가 뚱뚱하다.

셀 수 없는 명사 (불가산명사)

물질명사	단수	일정한 모양이 없는 물질 *ex.* water, air, rice, silver, bread...
추상명사	단수	추상적인 뜻을 가진 명사 *ex.* life, beauty, happiness, peace...
고유명사	단수	사람의 이름, 사물의 고유명칭 *ex.* Tom, Seoul, China, Mt. Halla ....

기초 TEST

정답 및 해설 p.2

다음 중 알맞은 명사의 종류를 골라 보자.

1 desk (보통명사, 집합명사, 고유명사, 추상명사, 물질명사)

2 water (보통명사, 집합명사, 고유명사, 추상명사, 물질명사)

3 France (보통명사, 집합명사, 고유명사, 추상명사, 물질명사)

4 wisdom (보통명사, 집합명사, 고유명사, 추상명사, 물질명사)

5 committee (보통명사, 집합명사, 고유명사, 추상명사, 물질명사)

6 truth (보통명사, 집합명사, 고유명사, 추상명사, 물질명사)

7 table (보통명사, 집합명사, 고유명사, 추상명사, 물질명사)

8 air (보통명사, 집합명사, 고유명사, 추상명사, 물질명사)

9 earrings (보통명사, 집합명사, 고유명사, 추상명사, 물질명사)

10 London (보통명사, 집합명사, 고유명사, 추상명사, 물질명사)

11 Tom (보통명사, 집합명사, 고유명사, 추상명사, 물질명사)

12 lion (보통명사, 집합명사, 고유명사, 추상명사, 물질명사)

13 family (보통명사, 집합명사, 고유명사, 추상명사, 물질명사)

14 knowledge (보통명사, 집합명사, 고유명사, 추상명사, 물질명사)

15 flour (보통명사, 집합명사, 고유명사, 추상명사, 물질명사)

wisdom 지혜 committee 위원회 knowledge 지식 flour 밀가루

기본 TEST

다음 중 알맞은 것을 골라 보자.

1 My class (have, has) 30 students.

2 The air in the countryside (is, are) fresh.

3 Life (is, are) like that. 인생이란 그런 것이다

4 There (is, are) no food on the table.

5 America (has, have) 50 states.

6 The committee (is, are) made up of ordinary people like you and me.

7 Truth (is, are) stranger than fiction. 사실은 소설보다 더 기이하다.

다음 중 알맞은 것을 골라 보자.

1 His family (is, are) all busy.
그의 가족 모두 바쁘다.
His family (is, are) worried about Harry.
그의 가족은 Harry를 걱정한다.

2 The group (is, are) all watching a stranger.
그 그룹은 모두 낯선 사람을 지켜보고 있다.
The group (is, are) upset about the decision.
그 그룹은 그 결정에 화가 나 있다.

3 Our team (is, are) doing well.
우리 팀은 잘하고 있다.
All our team (is, are) happy now.
우리 팀 모두는 지금 기쁘다

countryside 시골 committee 위원회 ordinary people 보통 사람들 be made up of ~로 구성되다
truth 사실, 진실 fiction 소설 decision 결정

기본 TEST

정답 및 해설 p.2

다음 주어진 동사를 이용하여 우리말에 알맞게 문장을 완성해 보자.

1 *Fast food* *is* not good for health. (be)
패스트 푸드는 몸에 좋지 않다.

2 ________ a beautiful country. (be)
한국은 아름다운 나라이다.

3 The ________ to see the movies. (go)
그 학생은 영화를 보러 간다.

4 English ________ interesting for me. (be)
영어 수업이 내게는 즐겁다.

5 ________ happiness to us. (give)
사랑은 우리에게 행복을 준다.

6 My ________ large. (be)
나의 가족은 대가족이다.

7 The ________ me a text. (send)
그 선생님은 나에게 문자를 보낸다.

8 ________ important for people. (be)
물은 사람들에게 중요하다.

9 ________ a variety of wisdom. (have)
책들은 다양한 지혜를 담고 있다.

10 Next ________ my birthday. (be)
다음 주 화요일이 내 생일이다.

lesson 수업 happiness 행복 variety 다양 wisdom 지혜 Tuesday 화요일

UNIT 2

주의해야 할 명사의 단수/복수

1 명사의 단수/복수

~s가 있는 단수 명사

news, mathematics 수학, economics 경제학, physics 물리학, billiards 당구, darts 다트

ex. No news **is** good news. 무소식이 희소식이다.

~s가 없는 복수 명사

children, people, cattle 가축, 소(떼), police 경찰, public 대중

ex. The children **are** too noisy. 그 아이들은 너무 시끄럽다.

단수와 복수 가 같은 모양인 명사

deer, fish, sheep, Japanese 일본사람〈들〉, Chinese 중국사람〈들〉

ex. a deer 사슴 한 마리 two deer 사슴 두 마리

2 뜻은 복수인데 s가 붙지 않는 경우 1

수사

개수를 나타내는 수사는 복수 일지라도 s를 붙이지 않는다.

ten, dozen 12, score 20, hundred, thousand, million 100만, billion 10억

ex. **two** hundreds meters 200 미터
수사

숙어로 사용되는 경우는 s가 붙는다.

tens of~ 수십개의 hundreds of~ 수백개의

ex. tens of balls 수십 개의 공들 hundreds of balls 수백 개의 공들

화폐 단위를 나타내는 경우

우리나라 돈(won)은 복수 일지라도 s를 붙이지 않는다.

ex. ten wons 10원

달러와 센트는 복수일 때 s가 붙는다.

ex. five hundred dollars and twenty cents 500달러 20센트

3 뜻은 복수인데 s가 붙지 않는 경우 2

'숫자 + 단위명사 + 형용사 + 명사'

단위를 나타내는 명사를 단위 명사라고 하며, '숫자 + 단위명사 + 형용사'가 하나의 형용사처럼 쓰여 명사를 수식해 줄 때, 단위명사는 단수를 써 준다.

ex. He is a **7-year-old** boy. 그는 7살 난 소년이다.
숫자 단위명사 형용사 명사

~~He is a 7-years-old boy.~~

단, 수식하는 명사가 없을 때는 단위 명사에 s가 붙는다.

ex. He is 7 years old. 그는 7살 이다.
He is 180 centimeters tall. 그는 키가 180cm 이다.

숫자 + 단위명사 + 명사

'숫자 + 단위명사'가 하나의 형용사처럼 쓰여 명사를 수식해 줄 때 단위명사는 단수를 써준다.

ex. This is a **50-story** building. 이것은 50층짜리 빌딩이다.
숫자 단위명사 명사

~~This is a 50 stories building.~~

단, 뒤에 명사가 없을 때는 단위 명사에 s가 붙는다.

ex. This building has 50 floors. 이 빌딩은 50층이다.

기초 TEST

다음 중 알맞은 것을 골라 보자.

1 She is surrounded by (people, peoples).

2 There is a spy in the (police, polices).

3 The farmer raises a lot of (cattles, cattle).

4 Mom is watching TV (news, newses) show.

5 He got a 0 on his (mathematic, mathematics) test.

6 Most of students don't like to take (physic, physics) lesson.

7 The White House is open to the (public, publics).

8 A lot of (Chinese, Chineses) visit Korea these days.

9 There are so many (children, childrens) in the kindergarten.

10 I majored in (economic, economics).

11 A flock of (sheep, sheeps) are on the grass.

12 I found the angry (public, publics).

13 The two (Japanese, Japaneses) lost the way in Seoul.

14 He hunted four (deer, deers) yesterday.

15 David and Jimmy are good at (billiard, billiards).

White House 백악관　kindergarten 유치원　major 전공하다　flock (양, 새) 떼

기초 TEST

정답 및 해설 p.2

다음 중 알맞은 것을 골라 보자.

1 A lot of deer (was, were) killed by the hunters.

2 The people (is, are) on your side.

3 Japanese (build, builds) strong vehicles.

4 Physics (isn't, aren't) an easy subject.

5 A sheep (is, are) dancing on the field.

6 Chinese (is, are) everywhere in the world.

7 Billiards (is, are) difficult for me.

8 The children (is, are) trying to catch a basketball.

9 Some deer (is, are) running into the forest.

10 The new darts (is, are) fantastic.

11 Most Japanese (love, loves) sweetness.

12 Billiards (is, are) all the rage with women.

13 A lot of sheep (is, are) grazing now.

14 A lot of Chinese (is, are) looking for the cosmetic store.

15 Economics (is, are) one of the important subjects.

on your side 네 편 vehicle 탈 것 forest 숲 sweetness 달콤함
be all the rage 성행하다 graze 풀을 뜯어먹다 cosmetic store 화장품 가게

기본 TEST

다음 중 알맞은 것을 골라 보자.

1 She has three (hundred, hundreds) (dollar, dollars).

2 I saved 70 (thousand, thousands) (won, wons) till now.

3 Two (dozen, dozens) eggs are in the refrigerator.

4 There are (thousand, thousands) of people in the plaza.

5 He earns 2 (million, millions)(won, wons) a month.

6 She lent me twenty (dollar, dollars).

7 (Ten, Tens) of bees are flying over the tree.

8 This coat is two (million, millions) won.

9 This doll is one (dollar, dollars) and eighty (cent, cents).

10 Jack has (hundred, hundreds) of pencils.

11 It is 3 (Kilometer, kilometers) from here.

12 I spent ten (dollar, dollars) and sixty (cent, cents) today.

13 There are (billion, billions) of stars in the sky at night.

14 He owns the seven-(story, stories) building.

15 We found (ten, tens) of soldiers.

save 저축하다 earn (돈을) 벌다 a month 한 달에 spend 소비하다 own 소유하다, ~자신의

B 기본 TEST

정답 및 해설 p.2

다음 중 알맞은 것을 골라 보자.

1 The tree is 10 (meter, meters) tall.
There stands a 10-(meter, meters)-tall tree.

2 My grandfather's hat is 25 (year, years) old.
My grandfather wears a 25-(year, years)-old hat.

3 The ruler is 30 (centimeter, centimeters) long.
I bought a 30-(centimeter, centimeters)-long ruler.

4 This is a two-(way, ways) street.
We have two (way, ways) to get there.

5 The stone weighs 700 (gram, grams).
Jimmy caught a 700-(gram, grams) fish.

6 (Thousand, Thousands) of people are on the ground.
There are two (thousand, thousands) people.

7 Please change me this ten (dollar, dollars) bill.
My new watch cost me ten (dollar, dollars).

8 We need one hundred (dollar, dollars).
We need one thousand (won, wons).

9 It takes two (hour, hours) to get to his house.
Let's take a two (hour, hours) drive.

10 The museum has (hundred, hundreds) of artworks.
Five (hundred, hundreds) artworks are displayed.

two-way street 쌍방 통행로　weigh 무게가 나가다　bill 지폐　artwork 예술품　display 전시하다

실력 TEST

우리말에 알맞게 문장을 완성해 보자.

1 The ______ people ______ must know ______ the news ______.
그 사람들은 그 소식을 알아야만 한다.

2 They are supposed to see in the ______ hall.
그들은 당구장에서 보기로 되어 있다.

3 James sold all of his ______ in his farm.
James는 그의 농장에 있는 그의 모든 가축을 팔았다.

4 He lost ______.
그는 양 2마리를 잃었다.

5 ______ in the hall threw ______.
홀 안에 있던 몇몇 사람들은 다트를 던졌다.

6 Here are a lot of ______.
여기에 물고기가 많다.

7 ______ the science of energy.
물리학은 에너지의 과학이다.

8 He met a few ______ yesterday.
그는 어제 몇 명의 중국인들을 만났다.

9 ______ the basis of all learning.
수학은 모든 배움의 기초이다.

10 Maria takes care of many ______.
Maria는 많은 아이들을 돌본다.

be supposed to ~하기로 되어 있다 energy 에너지 basis 기초, 기반

실력 TEST

정답 및 해설 p.2, 3

우리말에 알맞게 문장을 완성해 보자.

1 This river is three *hundred* *meters* wide.
이 강은 폭이 300 미터이다.

2 This pen is two ______ ______ .
이 펜은 2,000원이다.

3 The man is one ______ and seventy ______ tall.
그 남자는 키가 1 미터 70 센티미터이다.

4 She is a thirteen - ______ - ______ girl.
그녀는 열 세 살 난 소녀이다.

5 Empire State Building has 102 ______ .
엠파이어 스테이트 빌딩은 102층이다.

6 ______ ______ are watching the match.
수백 명의 사람들이 그 시합을 보고 있다.

7 They have three ______ .
그들은 세 명의 자녀가 있다.

8 About seven ______ animals are living in the island.
그 섬에는 약 7천 마리의 동물이 서식하고 있다.

9 My father paid ten ______ ______ .
아버지가 만 달러를 지불하셨다.

10 This supercar is 2 ______ ______ .
이 초고성능 차는 20억 원이다.

wide 넓은 floor 층 island 섬 pay 지불하다 supercar 초고성능 차

UNIT 3

명사의 소유격, 명사의 생략 및 명사의 동격

1 명사의 소유격

생물 (사람/동물)의 소유격

생물 (사람/동물)의 소유격은 명사 뒤에 's를 붙인다.
단, ~s로 끝나는 명사는 '만 붙인다.

ex. the boy's cap 그 소년의 모자
ex. the boys' caps 그 소년들의 모자들

무생물의 소유격

무생물의 소유격은 '~ of 명사'의 형태를 이용한다.
이 때, 어순이 우리말과 반대임을 주의해야 한다.

ex. the cover of the book 그 책의 표지

예외 : 거리, 무게, 시간, 가격은 무생물이라도 's를 사용한다.

ex. 5 minutes' walk 걸어서 5분 거리
3 grams' salt 3그램의 소금
tomorrow's weather 내일의 날씨
5,000 won's worth of peanuts 5천원어치 땅콩

2 '소유격 + 명사'에서 명사의 생략

소유격(~'s) + (명사)

일반 명사의 소유격 뒤에 중복되는 명사는 생략한다.

ex. This **office** is my dad's ~~office~~. 이 사무실이 아빠의 사무실이다.

추측할 수 있는 장소 (place, house, shop, office, store...)가 나오면 대개 생략한다.

ex. We visited our **grandmother's** ~~house~~. 우리는 우리의 할머니의 집을 방문했다.

3 명사와 명사의 동격

명사, (comma) 명사

추가로 설명할 때, 콤마를 사용하여 2개의 명사를 붙여준다.

ex. **Tom, my brother,** is very kind. 나의 형인, Tom은 매우 친절하다.

기초 TEST

정답 및 해설 p.3

다음 중 알맞은 것을 골라 보자.

1 그 고양이의 눈 (the cat's eyes, the eyes of the cat)

2 그 집의 벽 (the house' wall, the wall of the house)

3 그 소년의 가방 (the boy's bag, the bag of the boy)

4 그 주전자의 뚜껑 (the kettle's lid, the lid of the kettle)

5 오늘 신문 (today's newspaper, newspaper of today)

6 내 여동생의 친구 (my sister's friend, a friend of my sister)

7 그 책상의 다리 (the desk‘s legs, the legs of the desk)

8 10 kg의 쌀 (10 kg's rice, the rice of 10 kg)

9 그 개의 꼬리 (The dog's tail, The tail of the dog)

10 그 소녀의 머리 (the girl's hair, the hair of the girl)

11 그 인형의 눈 (the eyes of the doll, the doll's eyes)

12 30 달러 어치 휘발유 (30 dollars' worth of gasoline, gasoline of 30 dollars' worth)

13 허수아비의 팔 (the arms of the scarecrow, the scarecrow's arms)

14 차로 1시간 거리 (one hour's drive, drive of one hour)

15 그 소녀들의 빗들 (the girl's brushes, the girls' brushes)

kettle 주전자 lid 뚜껑 gasolin 휘발유 scarecrow 허수아비

기본 TEST

다음에서 생략 가능한 명사에 ×표 해 보자.

1 This office is my uncle's ~~office~~.
이 사무실은 나의 삼촌의 사무실이다.

2 He is at the barber's shop for haircut.
그는 이발하기위해 이발소에 있다.

3 The building is Mr. Miller's building.
그 빌딩은 Miller씨의 빌딩이다.

4 Tom lives in this house.
Tom은 이 집에 산다.

5 Whose office do you work at? I work at Mr. Mason's office.
너는 누구의 사무실에서 일하니? 나는 Mason씨의 사무실에서 일을 하고 있어.

우리말에 알맞게 문장을 완성해 보자. (두 개 가능)

1 Whose house is Sandy going to stay? She is going to stay at *her cousin's (house)* .
Sandy는 누구의 집에 머무를 예정이니? 그녀는 그녀의 사촌 집에 머무를 예정이야.

2 He stayed at ______ last year.
그는 작년에 그 호텔에 머물렀다.

3 That store is ______ .
저 상점은 나의 삼촌의 상점이다.

4 They look around ______ .
그들은 새로운 사무실을 둘러본다.

5 This shop is the famous ______ .
이 가게가 그 유명한 디자이너의 가게이다.

barber 이발사 drop by (잠깐) 들르다 designer 디자이너

기본 TEST

정답 및 해설 p.3

다음 주어진 단어를 이용하여 우리말에 알맞게 빈칸을 채워 보자.

1 돼지의 꼬리 (pig, tail) *a pig's tail*

2 그 집의 지붕 (house, roof)

3 독수리의 날개 (eagle, wings)

4 Jane의 엄마 (Jane, mom)

5 걸어서 15분 거리 (minute, walk)

6 그 병의 뚜껑 (bottle, lid)

7 5달러어치 설탕 (dollar, sugar)

8 코끼리의 코 (elephant, nose)

9 그 다이아몬드의 가격 (diamond, price)

10 10그램의 꿀 (gram, honey)

11 이 강의 길이 (river, length)

12 소녀들의 머리끈들 (girls, hairbands)

13 오늘의 요리 수업 (today, cooking class)

14 저 산의 높이 (mountain, height)

15 7미터의 거리 (meter, distance)

wing 날개 weather 날씨 height 높이 distance 거리

실력 TEST

다음 중 동격을 찾아 동그라미 해 보자.

1 Tom, my best friend, is a famous doctor.

2 I saw Jane, John's girlfriend, yesterday.

3 She gave me a book, her English novel.

4 Bill, my classmate, helped me a lot.

5 Susan, Morgan's sister, solved the difficult problem.

우리말에 알맞게 문장을 완성해 보자.

1 *Paul* , *my brother* , is a vet.
나의 남동생인 Paul은 수의사이다.

2 ________ , ________ , is wearing a beautiful dress.
Jimmy의 여동생인 Lily는 예쁜 드레스를 입고 있다.

3 ________ , ________ , invented the machine.
최고의 기술자인 나의 삼촌이 그 기계를 발명했다.

4 ________ , ________ , carried up my things.
너의 친구인 Wang이 나의 짐들을 위로 가져다 주었다.

5 ________ , ________ , is a professor.
나의 여동생의 남편인 Mr. Lee는 교수이다.

invent 발명하다 machine 기계 engineer 기술자 professor 교수

실력 TEST

정답 및 해설 p.3

다음 주어진 단어를 이용하여 우리말에 알맞게 문장을 완성해 보자.

1 Have you ever touched a *tiger's tail* ? (tiger, tail)

너는 호랑이의 꼬리를 만져 본 적이 있니?

2 ________ is painted blue. (house, door)

그 집의 문은 파랗게 칠해져 있었다.

3 ________ is very sharp. (bird, beak)

그 새의 부리는 매우 날카롭다.

4 ________ are too big. (boy, feet)

그 소년의 발은 너무 크다.

5 The subway station is ________ from my house. (minute, walk)

지하철역은 나의 집에서 걸어서 10분 거리이다.

6 ________ is worn. (Bible, cover)

그 성경책의 표지는 낡았다.

7 ________ were full of memos. (students, notebooks)

그 학생들의 공책들은 메모로 채워져 있었다.

8 It is ________ . (my mother, purse).

그것은 나의 어머니의 손가방이다.

9 The first ________ is red. (rainbow, color)

무지개의 첫 번째 색은 빨강이다.

10 What is ________ ? (topic, today)

오늘의 주제는 무엇이니?

sharp 날카로운 Bible 성경 worn 낡은 purse 핸드백, 손가방 rainbow 무지개 topic 토픽, 주제

UNIT 4

관사의 종류 및 쓰임

관사의 종류에는 부정관사(a, an) 와 정관사(the) 두 가지가 있고 쓰임은 다음과 같다.

1 a(an)을 사용하는 경우

처음 나온 하나 : 우리말로 '하나'라고 해석하지 않는 경우

ex. She is **a** teacher. 그녀는 선생님이다. ~~She is one teacher.~~ (one으로 바꾸어 쓸 수 없다.)

처음 나온 하나 : 우리말로 '하나'라고 해석하는 경우

ex. She bought **a** doll. 그녀는 인형 하나를 샀다.
= She bought **one** doll. (one으로 바꾸어 쓸 수 있다.)

'어떤' : 'a certain' 이라는 뜻으로 사용된다.

ex. **A** Tom came to see you. 어떤 Tom 이라는 사람이 너를 보러 왔다.
= **A certain** Tom came to see you.

'마다' : 'per' 대신 사용된다.

ex. We have meals three times **a** day. 우리는 하루마다 (하루에) 3 번 식사를 한다.
= We have meals three times **per** day.

'똑같은' : 'the same' 대신에 사용된다.

ex. We are of **an** age. 우리는 똑같은 나이이다. (동갑이다)
= We are of **the same** age.

2 the를 사용하는 경우

두 번째부터 나오는 명사 앞에

ex. He has a pen. 그는 펜을 가지고 있다. **The** pen is Jimmy's. 그 펜은 Jimmy의 것이다.

서로 알고 있는 (또는 서로 보고 있는) 명사 앞에

ex. Will you close **the** window? 그 창문 좀 닫아 줄래?

악기 연주 앞에

ex. She plays **the** piano very well. 그녀는 피아노를 매우 잘 친다.

세상에 하나 밖에 없는 자연물 앞에

ex. **the** sun, **the** moon, **the** earth, **the** sky, **the** east....

서수/최상급 앞에

ex. **the** third, **the** tallest....

기타

ex. **the** only 유일한, **the** very 바로 그, **the** same 똑같은, **the** last 마지막

3 관사를 사용하지 않는 경우 (무관사)

식사 앞에	*ex.* breakfast, lunch, dinner
운동경기 앞에	*ex.* tennis, soccer, basketball, baseball
과목 앞에	*ex.* math, history, music, science, English....
교통수단 앞에	*ex.* by bus, by taxi, by subway, on foot....
인명/지명 앞에	*ex.* Tom, Jane, Korea, New York,..

4 a(an), the, 무관사 모두가 가능한 경우

종족을 나타낼 때

ex. **A tiger** is a wild animal. 호랑이(종족)는 야생동물이다.
= **The tiger** is a wild animal.
= **Tigers** are wild animals.

기초 TEST

밑줄 친 부분을 우리말로 바꾸어 쓴 후, a/an 대신 바꾸어 쓸 수 있는 것을 골라 보자.
(바꾸어 쓸 수 없으면 ×에 ○표 할 것)

1 She has a younger brother. (one, ×, a certain, per, the same)

그녀는 남동생이 한 명 있다.

2 I met a Tom today. (one, ×, a certain, per, the same)

나는 오늘 ________ 을 만났다.

3 Our shoes are of a size. (one, ×, a certain, per, the same)

우리 신발은 ________ 이다.

4 He goes to the movies once a month. (one, ×, a certain, per, the same)

그는 ________ 한 번 영화 보러 간다.

5 Mr. Smith is a fire-fighter. (one, ×, a certain, per, the same)

Smith 씨는 ________ 이다.

6 There lived an old lady in the town. (one, ×, a certain, per, the same)

그 마을에 ________ 살았다.

7 The school needs an English teacher. (one, ×, a certain, per, the same)

그 학교는 ________ 필요하다.

8 Bill goes to church twice a week. (one, ×, a certain, per, the same)

Bill은 ________ 두 번 교회에 간다.

9 They are of a price. (one, ×, a certain, per, the same)

그것들은 ________ 이다.

10 Kate likes to wear a cap. (one, ×, a certain, per, the same)

Kate는 ________ 쓰기를 좋아한다.

fire-fighter 소방관 old lady 나이든 숙녀, 할머니

기초 TEST

정답 및 해설 p.4

다음 중 보기에서 관사의 쓰임을 골라 보자.

A. a (an)　　B. the　　C. 무관사　　D. a (an), the, 무관사 모두

1 식사 앞에　C

2 처음이면서 '하나'로 해석하는 경우

3 '어떤'의 뜻을 나타낼 때

4 두 번째부터 나오는 명사 앞에

5 악기 연주 앞에

6 '똑같은'의 뜻을 나타낼 때

7 인명/지명 앞에

8 교통수단 앞에

9 세상에 하나 밖에 없는 자연물 앞에

10 처음이면서 '하나'로 해석하지 않는 경우

11 운동 경기 앞에

12 서수, 최상급 앞에

13 과목 앞에

14 서로 알고 있는 명사 앞에

15 종족을 나낼 때

16 '마다'의 뜻을 나타낼 때

A 기본 TEST

다음 중 알맞은 관사를 골라 보자. (무관사는 ×에 ○표 할 것)

1 He eats (a, an, the, ×) apple everyday. 그는 매일 사과 한 개를 먹는다.

2 Sally can play (a, an, the, ×) flute.

3 (A, An, The, ×) Bill is my brother's friend.

4 (A, An, The, ×) bread on the table is mine.

5 (A, An, The, ×) English is very difficult language.

6 Mr. Smith is (a, an, the, ×) engineer.

7 They go to school by (a, an, the, ×) bus.

8 Judy has a doll. (A, An, The, ×) doll is very pretty.

9 She won (a, an, the, ×) second prize on the contest.

10 He takes a shower once (a, an, the, ×) day.

11 Jin-ho went to (a, an, the, ×) England.

12 Who is (a, an, the, ×) tallest in your class ?

13 I don't like (a, an, the, ×) science.

14 All of the roofs are of (a, an, the, ×) deep red color.

15 I raise a puppy. (A, An, The, ×) puppy is so cute.

language 언어 prize 상 deep red color 진한 빨강색

기본 TEST

정답 및 해설 p.4

다음 중 알맞은 관사를 골라 보자. (무관사는 ×에 ○표 할 것)

1 There is (a, an, the, ×) chair beside the mirror. 거울 옆에 의자가 하나 있다.

2 I learn (a, an, the, ×) math with Sam.

3 She visits her grandmother twice (a, an, the, ×) week.

4 He was (a, an, the, ×) last king in Korea.

5 We like a boy. (A, An, The, ×) boy is very good-looking.

6 Sunday is (a, an, the, ×) first day of the week.

7 Her favorite subject is (a, an, the, ×) fine art.

8 She bought (a, an, the, ×) same smart-phone as I have.

9 Jane goes to church on (a, an, the, ×) foot.

10 All of the socks are of (a, an, the, ×) price.

11 Helen is (a, an, the, ×) tallest in her school.

12 The wall is painted white by (a, an, the, ×) Jake.

13 After dad has (a, an, the, ×) dinner, he watches TV.

14 Joe plays (a, an, the, ×) violin after work.

15 I bought (a, an, the, ×) uniform today.

mirror 거울 uniform 교복, 제복 fine art 미술

실력 TEST

다음 주어진 단어를 이용하여 우리말에 알맞게 문장을 완성해 보자.

1 He doesn't like *history* . (history)

그는 역사를 좋아하지 않는다.

2 Susan has ______ . (uncle)

Susan은 삼촌이 한 명 있다.

3 She is in ______ . (second year)

그녀는 2학년이다.

4 Tom wears a cap. ______ is yellow. (cap)

Tom은 모자를 쓰고 다닌다. 그 모자는 노란 색이다.

5 The whale is ______ in the sea. (large, animal)

고래는 바다에서 가장 큰 동물이다.

6 Mom goes shopping three times ______ . (month)

엄마는 한 달에 세 번 쇼핑하러 간다.

7 There is no cloud in ______ today. (sky)

오늘은 하늘에 구름이 하나도 없다.

8 I go to school by ______ . (subway)

나는 지하철을 타고 학교에 다닌다.

9 Will you pass me ______ ? (salt)

그 소금 좀 나에게 전해 줄래 ?

10 ______ is a diligent insect. (ant)

개미란 부지런한 곤충이다.

whale 고래 insect 곤충

B 실력 TEST

정답 및 해설 p.4

같은 뜻이 되도록 문장을 완성해 보자.

1 An elephant is the biggest animal in the land.

= *The elephant* *is* the biggest animal in the land.

= *Elephants* *are* the biggest animal in the land.

코끼리는 육지에서 가장 큰 동물이다.

2 The owl likes to hunt at night.

= ______________ to hunt at night.

= ______________ to hunt at night.

올빼미는 밤에 사냥하는 것을 좋아한다.

3 Goats are mild in itself.

= ______________ mild in itself.

= ______________ mild in itself.

염소는 본래 온순하다.

4 A dragonfly has compound eyes.

= ______________ compound eyes.

= ______________ compound eyes.

잠자리는 겹눈을 가지고 있다.

5 The mouse is very clever.

= ______________ very clever.

= ______________ very clever.

쥐는 매우 영리하다.

land 땅, 육지 owl 올빼미 goat 염소 in itself 본래 dragonfly 잠자리 compound 복합의
compound eye 겹눈 mice 쥐(mouse)의 복수

실력 TEST

정답 및 해설 p.4

다음 주어진 단어를 이용하여 우리말에 알맞게 문장을 완성해 보자.

1 Jane is ___the only___ daughter. (only)
Jane은 외동딸이다.

2 I go to see a dentist twice ______ . (year)
나는 일 년에 두 번 치과에 간다.

3 Peter is ______ boy in the town. (strongest)
Peter는 마을에서 가장 힘이 센 소년이다.

4 ______ is his favorite subject. (PE)
체육은 그가 가장 좋아하는 과목이다.

5 December is ______ month of the year. (last)
12월은 한 해의 가장 마지막 달이다.

6 The twins are of ______ weight. (same)
그 쌍둥이는 같은 몸무게를 가지고 있다.

7 Look at ______ . (moon)
달을 보세요.

8 Susan likes to play ______ . (piano)
Susan은 피아노 치는 것을 좋아한다.

9 Can I open ______ ? (window)
창문을 열어도 될까요?

10 They moved to ______ . (Seoul)
그들은 서울로 이사했다.

subject 과목 PE(physical education) 체육 twin 쌍둥이 weight 몸무게

[01~03] 빈칸에 알맞은 것을 고르시오.

01

> 당구는 가장 재미있는 스포츠 중 하나이다.
> ___________ one of the most interesting sports.

① Billiards is
② Billiards are
③ Billiard is
④ Billiard are
⑤ Billiards does

02

> 세 명의 아이들이 공원에서 공놀이를 하고 있다.
> ______ ______ are playing with a ball in the park.

① Three child
② Three childrens
③ Third child
④ Three children
⑤ Third children

play with a ball 공놀이를 하다

03

> 그 원숭이의 꼬리는 길다.
> ________________ is long.

① The tail of the monkey
② A tail of the monkey
③ The monkey's tail
④ The tail's of the monkey
⑤ The monkey tail's

[04~05] 다음 중 틀린 문장을 고르시오.

04 ① Today is first day of August.
② Protect your skin from the sun.
③ You need to solve the problems by yourself.
④ The river is too dirty.
⑤ There is a piece of paper behind the clock.

protect 보호하다 skin 피부
by yourself 너 혼자서 dirty 더러운

05 ① Terry is wearing his brother's jacket.
② The desk's legs are short.
③ I don't know the title of the movie.
④ The soccer player's sister is coming here.
⑤ My school is twenty minutes' walk from here.

06 다음 중 성격이 다른 명사를 고르시오.

① homework
② shirt
③ house
④ toy
⑤ spoon

[07-08] 밑줄 친 말 대신 쓸 수 있는 말을 고르시오.

07

A Jane said to me, "I know you."

① An
② The
③ one
④ A certain
⑤ The same

08

He brushes his teeth three times a day.

① per
② in
③ of
④ on
⑤ at

09 우리말에 알맞게 빈칸에 들어갈 것을 고르시오.

________ is vivid.
그 셔츠의 색은 선명하다.

① The shirt's color
② A shirt's color
③ A color of shirt
④ The shirt of the color
⑤ The color of the shirt

vivid 선명한

10 두 문장의 뜻을 모두 포함하는 문장이 되도록 빈칸에 알맞은 말을 고르시오.

Roy is a little boy.
He likes eating pizza.
→ ________ likes eating pizza.

① a little boy, a Roy,
② Roy, a little boy,
③ little boy, Roy,
④ Roy, little boy,
⑤ Roy is a little boy,

pizza 피자

11 다음 중 <u>틀린</u> 곳을 바르게 고쳐 보시오.

Susan is a 13-years-old girl.

__________ → __________

12 다음 중 빈칸에 들어갈 말로 알맞은 것을 고르시오.

I changed 10,000 ________ into 8 ________ 99 ________ . 나는 10,000원을 8달러 99센트로 바꾸었다.

① won - dollars - cents
② wons - dollars - cents
③ wons - dollars - cent
④ wons - dollar - cents
⑤ won - dollar - cents

[13–14] 우리말과 일치하도록 빈칸에 알맞은 말을 쓰시오.

13 내일은 우리 아버지의 생일이다.

→ Tomorrow is ______________

______________________ .

14 나는 5,000원을 저축했어.

→ I saved ______________

______________________ .

15 다음 중 빈칸에 'of'가 들어갈 수 <u>없는</u> 문장 두 개를 고르시오.

① Tens ________ dragonflies are in the field.
② He looked at the top ________ the tower.
③ Thousands ________ droplets are observed.
④ The weather ________ yesterday was good.
⑤ The school has two hundred ________ students.

dragonfly 잠자리 droplet 물방울
observe 관찰하다 climate 기후

16 같은 표현을 완성해 보시오.

The dolphin is smart. 돌고래는 똑똑하다. = ______________ is smart. = ______________ are smart.

[17–18] 다음 대화를 읽고 물음에 답하시오.

Alice : Hi, Eric. This is ⓐ ______ message for you.
Eric : Oh, really? Who sent me ⓑ ______ message?
Alice : I don't know. It was on your desk.
Eric : Thank you. ⓒ By the way, did you hear tomorrow weather?
Alice : It will be fine tomorrow.

17 위 대화에서 ⓐ와 ⓑ에 들어갈 말을 순서대로 고르시오.

① a - a
② an - an
③ a - the
④ the - a
⑤ the - the

18 다음 중 밑줄 친 곳을 바르게 고쳐 보시오.

ⓒ By the way, did you hear tomorrow weather?

______ → ______

by the way 그런데

[19–20] 다음 글을 읽고 물음에 답하시오.

My name is Min jung, Kim. I will introduce myself to you. I am a student in Sungdong middle school. I have two ⓐ ______ . My favorite ⓑ ______ is playing ⓒ ______ piano. Also I like talking with my friends. It is so interesting for me.

19 위 글에서 ⓐ와 ⓑ에 들어갈 말을 순서대로 고르시오.

① hobby - hobby
② hobby - hobbies
③ hobbies - hobby
④ hobbies - hobbies
⑤ hobbys - hobbys

20 밑줄 친 ⓒ에 들어갈 알맞은 관사를 쓰시오.

→ ______

내신 2 대비

정답 및 해설 p.5

01 다음 밑줄 친 부분 중 올바른 것을 고르시오.

① We need a fresh air.
② A life is beautiful.
③ I want to visit a Rome.
④ She has a brother.
⑤ Do you have a water?

Rome 로마

02 다음 중 어색한 표현을 고르시오.

① two hundred meters - 200미터
② tens of balls - 수십 개의 공들
③ five hundred wons - 오백 원
④ three dollars - 3달러
⑤ millions of people - 수백만의 사람들

03 다음 중 맞는 표현에 O표 하시오

· Mathematics (is / are) Jane's favorite subject.
· Some children (is / are) walking on the playground.

04 다음 두 문장이 같은 뜻이 되도록 바꾸어 쓰시오.

Ellen is 9 years old.
→ Ellen is a ____________ girl.

05 다음 문장을 올바르게 해석한 것은?

His family are all kind.

① 그의 가족은 친절한 가족이다.
② 그의 가족은 모두가 친절하다.
③ 그의 가족 중 몇 명이 친절하다.
④ 그는 가족들한테 친절하다.
⑤ 그는 친절한 가정에서 자랐다.

06 우리말에 맞게 주어진 단어를 활용해 다음 문장의 빈칸을 채워보시오.

Our English class ________ small.
(be) 우리 영어 반은 작다.(인원이 적다)

07 다음 중 어색한 표현을 고르시오.

① a girl's hat - 여자아이의 모자
② boys' balls - 남자아이들의 공들
③ ten minutes' walk - 걸어서 10분 거리
④ today's weather - 오늘의 날씨
⑤ 5,000 wons worth of apples - 5천원 어치의 사과

08 다음 문장의 알맞은 우리말 표현을 고르면?

Brian, my cousin, is very handsome.

① 나의 사촌인 Brian은 매우 잘생겼다.
② Brian과 나의 사촌은 매우 잘생겼다.
③ Brian의 사촌은 매우 잘생겼다.
④ Brian의 사촌과 나의 사촌은 매우 잘생겼다.
⑤ 답 없음.

09 우리말에 맞게 다음 빈칸에 들어갈 말로 알맞은 것은?

A _________ man came to pick you up. 어떤 남자가 너를 데리러 왔어.

① what
② some
③ the
④ one
⑤ certain

pick up 데려가다

10 다음 두 문장의 뜻이 같도록 빈칸에 들어갈 올바른 말을 고르시오.

Soccer players have meals five times a day. = Soccer players have meals five times _________ day. 축구 선수들은 하루에 5번 식사를 한다.

① one
② the same
③ some
④ per
⑤ a certain

11 다음 두 문장의 뜻이 같도록 빈칸에 들어갈 올바른 말을 써 넣으시오.

> Sally and I are of an age.
> = Sally and I are of ________ age.
> Sally와 나는 똑같은 나이이다. (동갑이다)

12 다음 중 맞는 표현에 O표 하시오.

> My mother has (a / the) bracelet.
> (A / The) bracelet is very beautiful.

bracelet 팔찌

13 다음 중 옳지 <u>않은</u> 문장을 고르시오.

① You should eat breakfast.
② Boys are playing tennis.
③ He came home by a bus.
④ Science is a difficult subject.
⑤ A lion is hunting.

[14-15] 다음 대화를 읽고 물음에 답하시오.

> *Alice* : Happy birthday, Jessy! This is ⓐ ______ gift for you.
> *Jessy* : Wow, Alice. Thank you so much. Can I open ⓑ ______ gift?
> *Alice* : Sure, why not?
> *Jessy* : Thank you. Will you come to my birthday party later?
> *Alice* : Of course, ⓒ(party, today) will be great. 당연하지. 오늘의 파티는 훌륭할 거야.

14 ⓐ와 ⓑ에 각각 들어갈 관사를 적어 보시오.

ⓐ : ____________ , ⓑ : ____________

15 우리말에 맞게 ⓒ에 주어진 단어를 활용하여 알맞게 고쳐보시오.

ⓒ : ______________________ (오늘의 파티)

16 다음 중 어색한 문장을 고르시오.

① The species is extinct.
② Japanese are quiet.
③ My favorite subject is economics.
④ Children is cute.
⑤ A Frenchman is learning Korean.

species 종(단/복수 동일) extinct 멸종된

17 다음 중 관사 the가 필요 없는 것을 고르면?

① Do you eat dinner?
② He plays cello in the concert.
③ I am third son.
④ This cake is last one.
⑤ Moon is bright today.

18 다음 중 are가 들어갈 수 없는 것을 고르면?

① Some Chinese ________ talking about their trip.
② The pigs ________ fed by the farmer.
③ Sheep ________ running on the grass.
④ A lot of people ________ climbing up the mountain.
⑤ Physics ________ my major.

physics 물리학 major 전공

19 빈 칸에 알맞은 것을 고르시오.

The committee (work / works) all hard. 그 위원회 사람들은 모두 열심히 일한다.

20 다음 중 밑줄 친 부분이 어색한 문장을 고르시오.

① A giraffe is 3 meters tall.
② She is a 7 year old girl.
③ This is a 63 stories building.
④ No news is good news.
⑤ The tree is 30 years old.

Chapter 2

대명사

UNIT 1

대명사 one과 it

1 one

특별히 정해지지 않은 단수 명사를 가리키며, 다음의 3 가지 경우에 사용한다. (우리말 : '하나' 또는 '사람')

ⓐ '같은 종류'를 나타낼 때

ex. I lost my smart phone last week. 나는 지난 주 내 스마트폰을 잃어버렸다.
I have to buy **one**. 나는 휴대전화를 (같은 종류로) 하나를 사야한다.

복수일 때는 ones를 쓴다.

ex. Jane was wearing new sunglasses.
I want to buy **ones**. 나도 하나 사고 싶다.

ⓑ '여러 개 중에서 하나'를 나타낼 때

ex. I have 3 pens.
I will lend **one** to you. 내가 너에게 (그 중에서) 하나를 빌려줄게.

ⓒ '일반적인 사람'을 나타낼 때 (소유격은 one's, 복수는 ones)

ex. **One** should be diligent. 사람은 부지런해야 한다.
One must not neglect **one's** duty. 사람은 자기의 의무를 게을리 하지 말아야 한다.
She is one of the wisest **ones**. 그녀는 가장 현명한 사람들 중의 한 명이다.

2 it

it은 동일한 것을 나타낼 때 사용한다. (우리말 : 바로 '그것')

ex. I lost my smart phone last week. 나는 지난 주 내 스마트폰을 잃어버렸다..
I found **it** today. 나는 오늘 (바로) 그것을 찾았다.

복수일 때는 them / they를 쓴다.

ex. Jane was wearing new **sunglasses**. I tried **them** on. 나는 (바로) 그것(들)을 써 봤다.
Tom keeps **3 dogs**. **They** are all brown. (바로) 그것들은 모두 갈색이다.

기초 TEST

정답 및 해설 p.5

주어진 문장을 우리말로 옮겨 보자.

1 Tom has a dog. I want to have one.

Tom은 개 한 마리를 길러. 나도 하나(한 마리) 기르고 싶어.

2 Jane has two dogs. One is white.

Jane은 개 두 마리를 길러. 흰 색이야.

3 I have a dog. It has long ears.

나는 개 한 마리를 길러. 귀가 길어.

4 One should be honest.

정직해야 한다.

5 Did you see my bag? It is on the sofa.

내 가방 봤니? 소파 위에 있어.

6 Bill has three books in his schoolbag. One is a comic book.

Bill은 그의 책가방에 세 권의 책이 있다. 만화책이다.

7 A lot of birds are flying over the bridge. They are sparrows.

많은 새들이 다리 위로 날아간다. 참새들이다.

8 Susan is wearing nice earrings. I want ones.

Susan은 멋진 귀걸이를 하고 있다. 나도 원해.

9 There were five candles on the cake. I picked one up.

케익 위에 다섯 개의 초가 있었다. 내가 뽑아들었다.

10 One should keep one's promise.

약속을 지켜야 한다.

candle 초 promise 약속

기본 TEST

다음 중 알맞은 것을 골라 보자.

1 I have two erasers. Do you need (one, it)?

2 I have an eraser. Do you need (one, it)?

3 Jane has a pretty eraser. I'd like to buy (one, it).

4 My sister bought a nice bag. I will buy (one, it).

5 Susan is wearing the pretty gloves. Cathy will buy (ones, one) soon.

6 I want a bike, mom. Would you buy me (one, it)?

7 (One, It) should be careful in talking about others.

8 Tom had a game CD. He lost (one, it) last week.

9 If you like this pen, I will give (one, it) to you.

10 Jane keeps a cat. Tom saw (one, it) first yesterday.

11 Jake is one of the strongest (them, ones) in this town.

12 There is an orange on the table. You can eat (one, it).

13 Tom is wearing nice sneakers. (They, Ones) are made in Korea.

14 (It, One) should keep quiet in the public place.

15 There were two bananas on the table. Jim ate (ones, them).

eraser 지우개 others 다른 사람들 sneakers 운동화 quiet 조용한 public 공공의

기본 TEST

정답 및 해설 p.5

다음 빈칸을 대명사를 이용하여 문장을 완성해 보자.

1 I found a nice ring at the store. — I want to wear *it* .
나는 상점에서 멋진 반지 하나를 발견했다. — 나는(바로) 그것을 끼고 싶다.

2 Susan is carrying a luxury bag. — I want to carry ______ .
Susan이 화려한 가방을 메고 있다. — 나도 (그런 것) 하나 메고 싶다.

3 There are many colorful pants at the clothing store. — I want to wear ______ .
그 옷가게에는 많은 다채로운 바지들이 있다. — 나는(그 중에서) 하나 입고 싶다.

4 He has three sons. — ______ is a barber.
그는 세 명의 아들이 있다. — 하나는 (한 명은) 이발사이다.

5 The clerk showed me another purse. — ______ looked cheap.
점원은 나에게 다른 지갑을 보여주었다. — 그것은 싸구려로 보였다.

6 There are a lot of pretty umbrellas. — I want to buy ______ .
많은 예쁜 우산들이 있다. — 하나를 사고 싶다.

7 Mom cooked me the soup. — ______ was delicious.
엄마는 나에게는 수프를 만들어 주었다. — 그것은 맛있었다.

8 They sell apples at this store. — ______ look fresh.
그들은 이 가게에서 사과를 판다. — 그것들은 신선해 보인다.

9 Do you have a cell-phone? — Yes, I have ______ .
휴대 전화 있니? — 응, 하나 있어.

10 He is one of the most famous ______ in the country.
그는 그 나라에서 가장 유명한 사람들 중 하나이다.

colorful 다채로운 luxury 화려한

UNIT 2

부정대명사 1

부정대명사란?
특별히 정해지지 않은 사람이나 사물을 가리키는 대명사를 말한다.

1 all

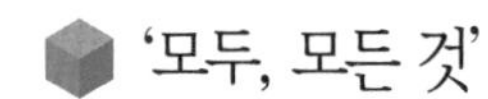
'모두, 모든 것'

ⓐ all 이 단독으로 쓰일 때 : 사람은 복수로, 사물은 단수로 받는다.

ex. All **are** agreed. 모두가 찬성이다. All **is** lost. 모든 게 끝났다.
(All: 사람) (All: 사물)

ⓑ 'all of 목적격 대명사 (us, them, you)'의 형태로 쓰일 때 : 복수로 받는다.

ex. All of us **were** happy. 우리 모두가 행복했다.

ⓒ 'all of the 명사'의 형태로 쓰일 때 : 셀 수 있는 명사는 복수로, 셀 수 없는 명사는 단수로 받는다.

ex. All of the **girls** **were** invited to the birthday party.
(girls: 셀 수 있는 명사) (were: 복수)
그 소녀들 모두는 생일파티에 초대 되었다.

ex. All of the **money** **was** spent for my house.
(money: 셀 수 없는 명사) (was: 단수)
그 돈 모두가 나의 집에 사용되었다.

2 both

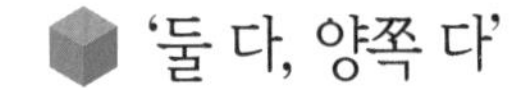
'둘 다, 양쪽 다'

both는 단독으로 쓰일 때나 'both of 목적격 대명사 (us, them, you)'의 형태로 쓰일 때 또는 'both of the 명사'의 형태로 쓰일 때 모두 복수로 받는다.

ex. Both **are** right. 둘 다 맞다.
Both of us **were** happy. 우리 둘 다 행복했다.
Both of the boys **are** diligent. 그 소년들 둘 다 부지런하다.

3 each

‘각 각’

each는 단독으로 쓰일 때나 ‘each of 목적격 대명사(us, them, you)’의 형태로 쓰일 때 또는 ‘each of the 명사’의 형태로 쓰일 때 모두 단수로 받는다.

ex. Each **has** a cat. 각각이 고양이를 가지고 있다.
Each of them **has** his opinion. 그들은 각 각 자기의 의견을 갖고 있다.
Each of the girls **has** a notebook. 그 소녀들 각각이 공책을 가지고 있다.

4 some과 any

some

긍정문에 쓰이며, ‘약간, 몇몇’의 뜻을 지닌다. some만 홀로 쓰이면 복수, ‘some of~’의 형식이면 복수 (of + 셀 수 있는 명사) 또는 단수 (of + 셀 수 없는 명사) 취급한다.

ex. He has 12 pens. Some **are** made in China. 그는 12개의 펜을 가지고 있다. 몇 개는 중국산이다.
Some of them **have** just left here. 그들 중 몇몇은 여기를 막 떠났다.
Some of the money **was** paid for the dinner. 그 돈의 일부가 저녁식사로 지불되었다.

Tip! ① 의문문이라도 ‘권유’를 나타낼 경우 some을 쓴다.
ex. These cookies are tasty. 이 과자들은 맛있어. Will you have **some**? (과자) 좀 먹을래? (권유)
② 의문문이라도 ‘알고 있는 사항을 확인’ 할 때는 some을 사용한다.
ex. I need money now. 내가 지금 돈이 필요해. Do you have **some**? 너 (돈) 좀 가지고 있지?(알고 있는 상황)

any

주로 부정문과 의문문에 쓰이며, 부정문에서는 ‘어느 것도, 누구도(... 않다)’의 뜻을 지니며, 의문문에서는 ’무슨, 누군가, 약간‘의 뜻을 지닌다. 단/복수 모두 가능하다.

ex. I couldn‘t find **any** of them. 그들 중 어느 누구도[아무도] 찾을 수 없었다.
ex. It‘s time to answer the questions. 질문 받는 시간입니다.
Do you have **any**? 여러분은 무슨 (질문) 있습니까?
ex. Does (Do) **any** of the boys need this? 소년들 중 누구 이것 필요한 사람?

Tip! 조건절(if~)에서는 긍정문이라도, any를 사용한다.
ex. I need a pen. 나는 펜이 필요해. If you have **any**, lend me one. 네가 (펜을) 가지고 있으면, 하나 빌려줘.

기초 TEST

다음 중 알맞은 것을 골라 보자.

1 She has three daughters. (All, Both, Each) of them are clever.

2 He has two uncles. (All, Both, Each) are bus drivers.

3 (All, Both, Each) of the rooms has a bed.

4 Tom bought two oranges. (All, Both, Each) of them smell sweet.

5 We met a lot of people in the town. (All, Both, Each) were kind to us.

6 (All, Both, Each) of the classes has one homeroom-teacher.

7 There are 23 students in my class.
(All, Both, Each) of the students have to take the exam.

8 The box is covered with thousands of bees. (All, Both, Each) of them has big wings.

9 (All, Both, Each) has his or her own dream.

10 (All, Both, Each) of the twins like grapes.

11 There are 32 teachers in my school. (All, Both, Each) of the teachers are not strict.

12 (All, Both, Each) of the items is 30% off.

taste ~맛이 나다　sour (맛이) 신　homeroom-teacher 담임 선생님　own 자신의　grape 포도
strict 엄격한　item 품목　off 분리된, 할인된　thousand 천　wing 날개　bee 벌

B 기초 TEST

정답 및 해설 p.5, 6

다음 중 알맞은 것을 골라 보자.

1 All (is, are) satisfied with the result.

2 Each (has, have) rights and duties.

3 Both (is, are) right.

4 Each of them (is, are) important for me.

5 All of them (is, are) not invited to the meeting.

6 Both of us (know, knows) the fact.

7 All of the pens (is, are) not made in China.

8 Both of the kettles (is, are) stainless.

9 All (is, are) over.

10 Both of you (look, looks) happy.

11 Each of the boys (keep, keeps) a pet.

12 The chair has three legs. All of the legs (is, are) slim.

13 All of the flour (is, are) moistened.

14 Both of them (is, are) singers.

15 Each of the guests (was, were) welcomed by the host.

rights and duties 권리와 의무 right 옳은 kettle 주전자 stainless 스테인레스 (녹슬지 않는)
over 끝난 moisten 촉촉해지다, 촉촉하게 하다 guest 손님 host 주인

기초 TEST

다음 중 알맞은 것을 골라 보자.

1 She has 7 friends. (Some, Any) are boys.

2 There are a lot of fish in the lake. We didn't catch (some, any).

3 (Some, Any) of us passed the test.

4 Does (some, any) of you know him?

5 He has 5 pens. (Some, Any) are new.

6 (Some, Any) of the boys have a sister.

7 Does (some, any) of the boats have a sail?

다음 중 알맞은 것을 골라 보자. (두 개 가능)

1 We saw a movie together. Some (was, were) impressed.

2 Any of us (don't, doesn't) know the story.

3 There are many books on the shelf. Some of them (is, are) storybooks.

4 Some (was, were) safe, others were hurt.

5 Any of the axes (is, are) not mine.

6 Some of the novels (is, are) very interesting.

7 He earned a lot of mony. Some of the money (was, were) saved for his future.

sail (배의) 돛, impressed 감명받은 ax 도끼 novel 소설 save 구하다

기초 TEST

정답 및 해설 p.6

우리말에 알맞게 문장을 완성해 보자. (any 또는 some 사용)

1 I couldn't find *any of them* .
나는 그들 중에 아무도 찾을 수 없었다.

2 She knows ________ .
그녀는 우리들 중에서 몇 명은 알고 있다.

3 He doesn't want ________ .
그는 어느 것도 원하지 않는다.

4 ________ are stale.
그 달걀 중 몇 개는 상했다.

5 Can ________ make it?
너희들 중 누구라도 그것을 만들 수 있니?

다음 단어를 이용하여 우리말에 알맞게 문장을 완성해 보자.

1 Some of the girls *have* blue eyes. (have)
그 소녀들 중 몇 몇은 푸른 눈을 가지고 있다.

2 Any of us ________ agree with the plan. (do)
우리 중에 아무도 그 계획에 동의하지 않는다.

3 Some ________ 'Hi!' (say)
몇 명이 '안녕!'이라고 말한다.

4 ________ any of you a doctor? (be)
여러분 중에 의사 있어요?

5 Some of the pocket money ________ spent for my snack. (be)
용돈 중의 일부는 나의 간식을 위해 쓰여진다.

stale 상한 agree 동의하다 pocket money 용돈 snack 간식

기본 TEST

다음 주어진 단어를 이용하여 문장을 완성해 보자. (현재형)

1 I visited two cities. Both *have* relics. (have)

2 Both of us ________ to play baseball. (like)

3 All ________ to know the spider man's identity. (want)

4 Each of the items ________ popularity. (catch)

5 I have five foreign friends. Each ________ from a different country. (be)

6 Each of them ________ in their reports every time. (turn)

7 All of the pictures ________ very impressive. (be)

8 Both of the dogs ________ brown hair. (have)

9 Each of the tribes ________ its own customs. (have)

10 All of the people ________ the principal. (respect)

relic 유물 identity 정체 item 항목 popularity 인기 foreign 외국의 turn in 제출하다
impressive 인상적인 tribe 부족 its own custom 고유의 풍습 principal 교장선생님 respect 존경하다

기본 TEST

정답 및 해설 p.6

우리말에 알맞게 문장을 완성해 보자. (대명사 사용)

1 *Both of the students* have a laptop.
그 학생들은 둘 다 노트북을 가지고 있다.

2 are not late.
그들 모두가 늦은 것은 아니다.

3 has a computer.
우리들 각자는 컴퓨터를 가지고 있다.

4 were brave.
너희 둘 다 용감했다.

5 don't enjoy playing games in the PC room.
그 소년들 모두가 PC방에서 게임을 즐기는 것은 아니다.

6 has her own room.
그 소녀들 각각은 자신의 방을 가지고 있다.

7 were satisfied at the party.
모두가 그 파티에 만족했다.

8 are good at math.
둘 다 수학을 잘한다.

9 has a big dream.
각자는 큰 꿈이 있다.

10 smell hot.
그 빨간 고추들 모두가 매운 냄새가 난다.

laptop 노트북 PC room PC방 red pepper 빨간 고추

실력 TEST

다음 주어진 단어를 이용하여 우리말에 알맞게 문장을 완성해 보자. (대명사 사용)

1 *All* *goes* well. (go)
만사형통 하다.

2 ______ burned out. (be)
그 힘 모두가 소진되었다.

3 ______ a prize. (win)
그 학생들은 각각 상을 받는다.

4 ______ chicken. (eat)
우리 중 일부는 치킨을 먹는다.

5 I need a pen. ______ have one? (do)
내가 펜이 하나 필요해. 너희들 중에 누구 하나 가지고 있니?

6 ______ happy after eating ice cream. (look)
아이스크림을 먹은 후에 그들 모두가 행복해 보인다.

7 ______ brilliant scientists. (be)
그 자매들 둘 다 훌륭한 과학자이다.

8 ______ a special gift. (have)
그들 각자는 특별한 재능을 가지고 있다.

9 ______ very difficult techniques. (use)
그들 중 일부는 매우 어려운 기술을 사용한다.

10 Learning is not easy for ______ .
배움은 우리들 중 어느 누구에게도 쉽지 않다.

power 힘 be burned out 소진되다 sister 언니, 누나, 여동생, 자매 brilliant 훌륭한 gift 선물, 재능

실력 TEST

정답 및 해설 p.6

다음 주어진 단어를 이용하여 우리말에 알맞게 문장을 완성해 보자. (대명사 사용)

1 *Each of them* *is* excellent. (be)
그들 각자는 탁월하다.

2 ______ ______ to be beautiful. (wish)
여자들은 모두 아름다워지기를 바란다.

3 ______ ______ nothing. (say)
둘 다 아무 말도 하지 않는다.

4 ______ ______ a caddy. (have)
그 골프선수들 각자는 캐디가 있다.

5 ______ ______ in spring. (bloom)
그 꽃들 모두가 봄에 피는 것은 아니다.

6 ______ ______ to go camping. (like)
우리 둘 다 캠핑가는 것을 좋아한다.

7 ______ ______ to run fast. (begin)
그 사슴들 중 몇 마리가 빨리 달리기 시작했다.

8 ______ ______ to be loved. (want)
그 아이들은 모두 사랑 받기를 원한다.

9 ______ ______ over little things. (struggle)
그들 중 몇 몇이 사소한 일에 집착한다.

10 ______ ______ used up for cooking. (be)
그 버터 전부가 요리하는데 다 사용되어진다.

caddy 골프장의 캐디　bloom (꽃이) 피다　struggle over ~에 집착하다　be used up 다 사용되다

UNIT 3

부정대명사 2

1 one과 the other, one과 the others, one/another/the other

one ~, the other.... (둘 중에서) 하나는 ~, 다른 하나는 ....

○ one   ○ the other

ex. I have two coats.
One is red, **the other** is blue.
나는 두 개의 코트를 가지고 있다. 하나는 빨간색, 다른 하나는 파란색이다.

one ~, the others... (많은 것들 중에) 하나는 ~, 나머지 전부는 ....

○ one   ○○.......○ the others

ex. There are ten apples in the basket.
One is red, **the others** are green.
바구니 안에 10개의 사과가 있다. 하나는 빨강이고 나머지 전부는 녹색이다.

Tip! 정관사 the는 정해진 것을 나타낼 때 사용한다. 그러므로 the가 붙은 others는 정해진 나머지 전부라는 것을 알 수 있다.

one ~, another –, the other.... (셋 중에) 하나는 ~, 또 하나는 –, 나머지 하나는 ....

○ one   ○ another   ○ the other

ex. Jane has three jewels.
One is a diamond, **another** is a ruby, **the other** is a pearl.
Jane은 세 개의 보석을 가지고 있다. 하나는 다이아몬드, 또 하나는 루비, 나머지 하나는 진주다.

Tip! 상점에서 물건을 살 때 사용하는 another
ex. I don't like this one. Show me another. 이것은 맘에 안 들어요. 또 다른 걸 보여 주세요.

2 some~, others....와 some~, the others..., each other/one another

some ~, others.... 일부는~, 또 다른 일부는...

○○○ ○○○....
some others....

ex. There are a lot of flowers in the garden.
Some are roses, **others** are tulips.
정원에 많은 꽃들이 있다. 일부는 장미이고 또 다른 일부는 튤립이다.

*정원에는 장미와 튤립이 외에 또 다른 종류의 꽃들이 있다는 것을 의미한다.

some ~, the others... 일부는~, 나머지 전부는.....

○○○ ○○○....○
some the others....

ex. There are a lot of flowers in the garden.
Some are roses, **the others** are tulips.
정원에 많은 꽃들이 있다. 일부는 장미이고 나머지 전부는 튤립이다.

Tip! the는 정해져 있는 것을 가리키므로 장미 이외에 나머지 모두가 튤립일 때 the를 붙인다. 그러므로 정원에는 장미와 튤립 두 종류 밖에 없다는 것을 의미한다.

each other/ one another '서로'

ex. The two babies looked at **each other.** 아기 둘이 서로 쳐다보았다.

*each other는 '둘 이상'일 때, one another는 '셋 이상'일 때 쓰지만 보통 one another는 잘 쓰지 않고 each other를 주로 사용한다.

기초 TEST

밑줄 친 부분을 우리말로 바꿔 보자.

1 She studies three subjects. One is math, another is English, the other is history.
그녀는 세 과목을 공부한다. 하나는 수학이고,

또 하나는 영어이고, 나머지 하나는 역사이다.

2 He has two jackets. One is old, the other is new.
그는 두 개의 재킷을 가지고 있다.

3 I'm looking for a dark brown coat. This is not the color. Do you have another?
나는 짙은 갈색 코트를 찾고 있어요. 이것은 그 색깔이 아니네요.

4 There were 2 cats under the bench. One is gone, the other is sleeping there.
벤치아래에 두 마리 고양이가 있었다.

5 Many cars are in the parking lot. Some are small, others are big.
주차장에 많은 차들이 있다.

6 There are 12 lions in the zoo. Some are female, the others are male.
동물원에 12마리 사자들이 있다.

gone 가버린 parking lot 주차장 female 암컷, 여성 male 수컷, 남성

기초 TEST

정답 및 해설 p.6, 7

보기에서 알맞은 것을 골라 써 넣어 보자.

| 보기 |
one ~, the other....
one ~, the others....
one ~, another-, the other....
some ~, others....
some ~, the others...
each other

1 There are three fruits on the table.
One is an apple, and the others are melons.

2 We have two balls.
_____ is a small ball.
_____ is a huge one.

3 My parents love _____.

4 I have three pens.
_____ is blue.
_____ is red.
And _____ is yellow.

5 A lot of people like sports.
_____ like baseball.
And _____ like soccer.

6 There are 23 students in my class.
_____ won the prize.
But, _____ did not.

melon 참외 huge 거대한 win the prize 상을 타다

기초 TEST

다음 중 알맞은 것을 골라 보자.

1 This shirt is too big for me.
Can you show me (other, another)?

2 She had 7 candies.
She ate one and gave (the others, the other) to her sister.

3 I bought two pens.
(It, One) is red and (other, the other) is blue.

4 Bill has three balls.
(One, another) is red, (the other, another) is green and
(the other, the others) is blue.

5 There are ten spoons on the table.
Can I use (one, another)?

6 They have two sons.
(One, Some) is a teacher and (the other, another) is an engineer.

7 There were 4 hairpins here.
(One, Another) was black and (the others, the other) were white.

8 He made three kites.
He gave (one, the other) to Jim and (the other, another) to Liz.

9 This ring is too small for my finger.
Can I try on (one, another)?

10 There were 5 birds on the tree.
One flew away and (the others, others) flew away again. Now there are 2 on it.

finger 손가락 fly away 날아가 버리다

기초 TEST

정답 및 해설 p.7

다음 중 알맞은 것을 골라 보자.

1 There are 30 students in his class.
Some went on a picnic and (others, the others) didn't.

2 In Korea, some people like orange juice and (others, the others) likes Coke.

3 We have many teachers in our school.
Some are men and (some, others, the others) are women.

4 Jin-a has 25 classmates. <12:piano, 3:violin, 10:nothing>
Some play the piano and (others, the others) play the violin.

5 Min-ho had seven pens.
He lost some of them and still keeps (some, others, the others).

6 Jack has a lot of friends. Some came to his birthday party,
but (some, others, the others) didn't.

7 He keeps 7 horses. <3:brown, 2:black, 2:white>
Some horses are brown and (others, the others) are black.

8 There are a lot of ants under the ground.
Some are working, but (others, the others) aren't.

9 They exchanged mobile phone numbers (another, each other).

10 There are 8 members in my family.
Some are watching TV, (others, the others) are reading books,
and the last is sleeping now.

ground 땅 kind of ~종류의 plastic bag 비닐봉지 cucumber 오이 the last 나머지 한 명(하나)

기본 TEST

보기에서 알맞은 것을 골라 문장을 완성해 보자.

| 보기 |

one	another	some	the others
the other	each other	others	one another

1 There are three coats in the store.

One is black, *another* is white, and *the other* is red.

2 There are 9 balls in the box. ________ are new and the others are used.

3 He has two sisters. One is fat and ________ is skinny.

4 He doesn't like this shirt. Show him ________ .

5 There are 5 members in the office. One is working now, ________ aren't.

6 There are 3 figures on the wall.

________ is a circle, another is a triangle, and ________ is a square.

7 She keeps two dogs. ________ is Puddle and ________ is Afghan hound.

8 They helped ________ . 그들은 서로 도왔다.

used 사용된, 중고의 skinny 마른 figure 도형 circle 원 triangle 삼각형 square 사각

기본 TEST

정답 및 해설 p.7

보기에서 알맞은 것을 골라 문장을 완성해 보자.

| 보기 |

one	another	some	the others
the other	each other	others	one another

1 They have two kinds of animals in the farm.
Some are cows, *the others* are pigs.

2 In America, some people are very tall and ________ are short.

3 There are 23 students in my class. Some are boys and ________ are girls.

4 We have 40 teachers in our school.
________ are very warm and others are very cold.

5 The two girls talked to ________ for a long time.

6 Susan has 5 cousins. (3 : soccer, 2 : basketball) Some enjoy watching soccer game and ________ enjoy watching basketball game.

7 Three women are talking about keeping pets.
One is in favor of it, ________ is against, and ________ is neutral.

8 The monster appeared again. ________ tried to fight.
But ________ were scared.

two kinds of~ 두 종류의~ for a long time 오랫동안 in favor of ~에 찬성하는 against ~에 반대하는
neutral 중립적인 monster 괴물 appear 나타나다 scared 겁먹은

실력 TEST

우리말에 알맞게 문장을 완성해 보자.

1 This wallet is too expensive for me.
Can I see another ?
이 지갑은 나에게 너무 비싸다. 다른 것을 볼 수 있을까요?

2 Mom made 5 cakes.
One is a cheese cake, and ________ chocolate cakes.
엄마는 5개의 케익을 만들었다. 하나는 치즈 케익, 나머지 전부는 쵸코렛 케익이다.

3 There are three crayons on the desk.
________ red, another is green, and ________ gray.
책상위에 3개의 크레용이 있다. 하나는 빨간색이고, 또 하나는 녹색, 나머지 하나는 회색이다.

4 He made a lot of friends in the school.
________ Americans, and ________ Englishmen.
그는 그 학교에서 많은 친구를 사귀었다. 일부는 미국인이고 일부는 영국인이다.

5 She borrowed two skirts from her elder sister.
________ short and the other is long.
그녀는 그녀의 언니로부터 치마 두 개를 빌렸다. 하나는 짧고, 또 하나는 길다.

6 I had three pears. I gave one to Jack, ________ to Jenny,
and I ate ________ .
나는 세 개의 배를 가지고 있었다. 하나는 Jack에게, 또 하나는 Jenny에게 주었고, 나머지 하나는 내가 먹었다.

7 She has three sons. ________ in Seoul, and ________ in Busan.
그녀는 세 명의 아들이 있다. 한 명은 서울에서 살고, 나머지는 부산에서 산다.

8 You should not fight with ________ .
너희들은 서로 싸우면 안된다.

wallet 돈 지갑 fight 싸우다

실력 TEST

정답 및 해설 p.7

다음 주어진 단어를 이용하여 우리말에 알맞게 문장을 완성해 보자.

1 Jim gave her 8 hairpins.

She likes some, but doesn't like the others .

Jim은 그녀에게 8개의 머리핀을 주었다. 그녀는 몇 개는 좋아하고, 나머지 전부는 좋아하지 않는다.

2 They are talking to ______ .

그들은 서로 얘기하고 있다.

3 A lot of people are on the beach. Some people are making sand castles, and ______ swimming.

많은 사람들이 해변에 있다. 일부 사람들은 모래성을 쌓고 있고, 또 다른 일부는 수영을 하고 있다.

4 There are some books in my schoolbag.

______ a textbook and the others are comic books.

나의 책가방에는 몇 권의 책들이 있다. 하나가 교과서이고, 나머지 전부는 만화책이다.

5 Two people never know ______ .

두 사람은 서로를 전혀 모른다.

6 We all are shocked by the news.

Some cried, and ______ upset.

우리 모두는 그 소식에 충격을 받았다. 일부는 울었고, 나머지 일부는 화가 났다.

7 There are three instruments. One is flute, ______ is piano, ______ is harp.

악기 세 개가 있다. 하나는 플루트이고, 또 하나는 피아노이고, 나머지 하나는 하프이다. .

8 They look happy. ______ singing and laughing.

그들은 행복해 보인다. 어떤 사람들은 노래를 부르고 있고, 나머지 다른 사람들은 모두 웃고 있다.

sand castle 모래성 get upset 화가 나다 instrument 악기

UNIT 4

재귀대명사

재귀대명사란?

인칭대명사의 소유격이나 목적격에 self(selves)를 붙여 '~자신', '~가 직접' 등의 뜻을 갖는 대명사를 말한다.

1 종류

	단 수	복 수
1인칭 (소유격+self)	myself 나 자신	ourselves 우리들 자신
2인칭 (소유격+self)	yourself 너 자신	yourselves 너희들 자신
3인칭 (목적격+self)	himself 그 자신	themselves 그들 자신
	herself 그녀 자신	
	itself 그것 자신	

* 복수일 경우에는 selves를 붙여준다.

2 용법

재귀용법

ⓐ 목적어로 사용 : '~ 자신'

주어와 목적어가 동일하다.

ex. He is proud of **himself**. (he = himself) 그는 그 자신을 자랑스러워한다.

주어와 목적어가 동일하지 않으면 재귀대명사를 사용할 수 없다.

ex. She worried about him. 그녀는 그를 걱정했다.

~~She worried about himself.~~ (she ≠ himself)

목적어로 사용된 재귀대명사는 생략하면 문장이 성립할 수 없으므로 절대 생략할 수 없다.

ex. ~~She worried about.~~

강조용법

ⓐ 주어 강조 : '~가 직접'

'주어 다음' 또는 '문장의 맨 뒤'에 온다.

ex. She **herself** cooked the food. 그녀가 직접 그 음식을 요리했다.
= She cooked the food **herself**.

주어를 강조하는 재귀대명사는 생략해도 문장이 성립된다.

ex. She ~~herself~~ cooked the food. 그녀가 (~~직접~~) 그 음식을 요리했다.

ⓑ 목적어 / 보어 강조 : '바로 (그) ~'

강조하려는 목적어/보어 다음에 온다.

ex. She cooked the food **itself**. 그녀가 바로 그 음식을 요리했다.

목적어 / 보어를 강조하는 재귀대명사는 생략해도 문장이 성립된다.

ex. She cooked the food ~~itself~~. 그녀가 (~~바로~~) 그 음식을 요리했다.

3 숙어

재귀대명사를 이용한 숙어들

by oneself	홀로(혼자서), 혼자 힘으로	for oneself	스스로(자진해서), 자신을 위해서
of itself	저절로		
enjoy oneself	즐기다	in itself	본래, 원래
say to oneself	혼잣말을 하다	help oneself ~	마음껏 먹다
make oneself at home	편히 쉬다	beside oneself	제정신이 아닌

ex. Ann lives **by herself**. Ann은 홀로 산다.
He did his homework **for himself**. 그는 스스로 숙제를 했다.
The candle went out **of itself**. 그 초는 저절로 꺼졌다.
Enjoy yourself at the party. 그 파티에서 즐겨라.
Help yourself to the cake. 케익을 마음껏 드세요.
I was **beside myself** with joy. 나는 기쁨으로 제정신이 아니었다.

기초 TEST

재귀대명사 만들기이다. 빈칸을 채워 보자.

	단 수		복 수	
1인칭	I		we	
2인칭	you		you	
	he			
3인칭	she		they	
	it			

재귀대명사의 용법에 따라 우리말로 옮겨 보자.

	재귀용법	강조용법 (주어강조)	강조용법 (목적어/보어강조)
myself	나 자신	내가 직접	바로 나를
yourself		네가 직접	
himself	그 자신		
herself			바로 그녀를
itself	그것 자신		
ourselves			바로 우리를
yourselves	너희들 자신		
themselves		그들이 직접	

기초 TEST

정답 및 해설 p.7

주어진 문장을 우리말로 바꿔 보자. (재귀용법)

1 He is proud of her. — 그는 그녀를 자랑스러워한다 .

He is proud of himself. — 그는 ______ .

2 She likes talking about herself. — 그녀는 ______ 좋아한다.

She likes talking about him. — 그녀는 ______ 좋아한다.

3 Ann cooked a pancake for me. — Ann은 ______ 만들었다.

Ann cooked a pancake for herself. — Ann은 ______ 만들었다.

주어진 문장을 우리말로 바꿔 보자. (강조용법)

1 He himself drove the truck. — 그는 그가 직접 그 트럭을 운전했다.

He drove the truck itself. — 그는 ______ 운전했다.

2 She met the boy himself. — 그녀는 ______ 만났다.

She met the boy herself. — 그녀는 ______ 만났다.

3 Did you buy her the doll yourself? — 네가 그녀에게 ______ 사 주었니?

Did you buy her the doll itself ? — 네가 그녀에게 ______ 사 주었니?

pancake 팬케이크

기본 TEST

주어진 문장 속 재귀대명사가 재귀 용법인지 강조 용법인지 골라 보자. (생략 가능한 재귀대명사는 ×표 할 것)

1 She ~~herself~~ cooked it. (재귀, 강조) 용법

2 He pushed himself harder and harder. (재귀, 강조) 용법

3 We saw the soldier himself. (재귀, 강조) 용법

4 My uncle himself fixed his PC. (재귀, 강조) 용법

5 I feel proud of myself. (재귀, 강조) 용법

6 He did the laundry himself. (재귀, 강조) 용법

7 Did you bring him the magazine yourself? (재귀, 강조) 용법

8 A lady is walking on the street, saying to herself. (재귀, 강조) 용법

9 You should know yourself. (재귀, 강조) 용법

10 Peter knows himself well. (재귀, 강조) 용법

11 You and your sister should cook dinner yourselves. (재귀, 강조) 용법

12 I felt sorry for myself. (재귀, 강조) 용법

13 She cured the boy herself. (재귀, 강조) 용법

14 The boys want to enjoy themselves. (재귀, 강조) 용법

15 Did you make her this paper plane yourself? (재귀, 강조) 용법

cure 치료하다 feel proud of ~를 자랑스럽게 여기다 laundry 빨래

기본 TEST

정답 및 해설 p.7

다음 중 알맞은 것을 골라 보자.

1 They saved (you, yourself).

2 He baked some delicious cookies for (him, himself).

3 They read their fan mail (them, themselves).

4 Did he drive the truck (it, itself)?

5 I (my, myself) did the dishes.

6 He hurt (him, himself) by accident.

7 The woman awoke to find (her, herself) famous.

8 First, you should see (us, ourselves).

9 She was very upset with (her, herself).

10 I needed body language to express (my, myself).

accident 사고　language 언어　express 표현하다

기본 TEST

다음 중 보기에서 알맞은 것을 골라 써 보자.

| 보기 |

스스로 (자진해서), 자신을 위해서	편히 쉬다	저절로
즐기다	본래, 원래	홀로 (혼자서), 혼자 힘으로
혼잣말을 하다	마음껏 먹다	제정신이 아닌

1 for oneself 스스로(자진해서), 자신을 위해서

2 by oneself

3 of itself

4 help oneself

5 enjoy oneself

6 beside oneself

7 say to oneself

8 in itself

9 make oneself at home

다음 중 보기에서 알맞은 것을 골라 써 보자.

| 보기 |

beside oneself	by oneself	for oneself	say to oneself
enjoy oneself	help oneself	make oneself at home	
of itself	in itself		

1 혼잣말을 하다 say to oneself

2 마음껏 먹다

3 즐기다

4 저절로

5 제정신이 아닌

6 스스로, 자신을 위해서

7 본래

8 홀로, 혼자 힘으로

9 편히 쉬다

기본 TEST

정답 및 해설 p.8

다음 중 알맞은 것을 골라 보자.

1 The door opened (by, beside, of) itself.
그 문은 저절로 열렸다

2 You may make (yourself, you) at home.
너는 편히 쉬어도 좋다.

3 She was (by, beside, of) herself with anger.
그녀는 화가 나서 제정신이 아니었다.

4 (Eat, Help) yourself to this Bulgogi.
이 불고기를 실컷 드세요.

5 I can't do anything (by, of, beside) myself.
나는 혼자서 아무것도 할 수 없다.

6 It broke (for, of, beside) itself.
그것은 저절로 깨졌다.

7 On your vacation, enjoy (you, yourself) to the full.
휴가 중에는 최대한 즐겁게 지내세요.

8 You have to do it (for, of, beside) yourself.
너는 너 자신을 위해서 그것을 해야만 한다.

9 This was Tom's (of, in, for) itself.
이것은 본래 Tom의 것이었다.

10 She sometimes says (to, with, of) herself.
그녀는 가끔 혼잣말을 한다.

anger 화, 성냄　　to the full 최대한, 마음껏

실력 TEST

정답 및 해설 p.8

우리말에 알맞게 문장을 완성해 보자. (재귀대명사 사용)

1 I *said to myself* .
나는 혼잣말을 했다.

2 Dad runs the shop ______ .
아빠는 혼자서 그 가게를 운영한다.

3 It's 10,000 won per time, we can ______ without limitation.
한 번에 10000원으로 우리는 제한 없이 맘껏 먹을 수 있다.

4 Have you really done it ______ ?
네가 정말 혼자 힘으로 그것을 했니?

5 ______ , a dog is wild.
본래 개는 야생이다.

6 I'd like to ______ here.
나는 여기에서 편히 쉬고 싶다. (자기 집에 있는 것처럼 쉬다)

7 You have to decide it ______ .
너희들은 스스로 그것을 결정해야만 한다.

8 You must stand up ______ .
너는 자립을 해야 해. (홀로 일어서야 한다)

9 This knot came untied ______ .
이 매듭은 저절로 풀렸다.

10 She is ______ with worry about her children.
그녀는 그녀의 아이들에 대한 걱정으로 제정신이 아니다.

run 운영하다 limitation 한계 knot 매듭 untie 풀리다 worry 걱정

내신 1 대비

정답 및 해설 p.8

[01~03] 빈칸에 알맞은 것을 고르시오.

01

> ____________ happy.
> 모두(사람)가 행복하다.

① All is
② All are
③ All does
④ All has
⑤ All was

02

> 그는 그 노인에게 그 자신을 소개했다.
> He introduced __________ to the old man.

① him
② himself
③ himselves
④ his
⑤ his self

introduce 소개하다

03

> 촛불이 저절로 꺼졌다.
> The candle went out ________.

① by itself.
② for itself.
③ in itself.
④ of itself.
⑤ to itself.

[04~05] 다음 중 틀린 문장을 고르시오.

04
① Both of them love each other.
② Each of us has a ticket.
③ In the end, all is over.
④ All of the bread are delicious for me.
⑤ Some of them speak English very well.

in the end 결국에는

05
① He is talking to himself.
② I will introduce yourself to you.
③ She is thinking about herself.
④ We did it ourselves.
⑤ You should know yourself.

[06-07] 밑줄 친 말 대신 쓸 수 있는 말을 고르시오.

06

Lily's laptop computer is too old to use. She really wants to buy a new laptop computer.

① it
② one
③ another
④ each other
⑤ the other

07

Jane and her sister were walking at night. They were surprised by thunder.

① Both
② Each
③ Some
④ One
⑤ Any

thunder 천둥

08 다음 중 틀린 곳을 바르게 고쳐 보시오.

I have two pencils. One is red, other is yellow.
나는 연필이 2개 있다. 하나는 빨갛고, 다른 하나는 노랗다.

_______ → _______

09 다음 빈칸에 들어갈 수 있는 말을 고르시오.

Both of the girls _______ smart and kind.

① was
② isn't
③ wasn't
④ is
⑤ are

10 다음 중 쓰임이 나머지와 다른 하나를 고르시오.

① My mother herself said so.
② I hurt myself today.
③ Did you ask him yourself?
④ She made a chocolate cake herself.
⑤ He himself told me the story.

11 다음 중 알맞은 단어를 ( ) 에서 고르시오.

1. Do you want a smart phone?
   Yes, I want (it, one).
2. Do you want this smart phone?
   Yes, I want (it, one).

12 우리말 뜻에 맞도록 ( ) 안의 단어를 배열하시오.

> 어떤 친구들은 사과를 좋아하고, 다른 친구들은 바나나를 좋아한다.
> (others, friends, some, like, like, apples, and, bananas)
> → ______________________
> ______________________

13 다음 중 빈칸에 들어갈 말로 알맞은 것을 고르시오.

> Min-ho has a lot of books;
> _______ are comic books,
> _________ are textbooks.

① one - the others
② one - the other
③ some - other
④ some - the other
⑤ some - the others

14 우리말과 일치하도록 빈칸에 알맞은 말을 쓰시오.

> 그는 화가 난 나머지 제정신이 아니다.
> → He feels ______________
> with anger.

15 다음 중 빈칸에 'both'가 들어갈 수 없는 문장을 고르시오.

① _______ of you look smart.
② I like _______ of them.
③ _______ are wrong.
④ Do you know _______ of the girls?
⑤ _______ of us keeps a dog.

16 다음 빈칸에 알맞은 표현을 고르시오.

> • Mina has three Christmas cards and two birthday ______ .
> • Susan wants a new bag. She is going to buy ______ .
> • ______ must eat, sleep and learn everyday.

① ones, one, One
② ones, ones, One
③ one, ones, One
④ ones, it, One
⑤ one, it, Ones

[17–18] 다음 대화를 읽고 물음에 답하시오.

> *Clerk* : Excuse me, can I help you?
> *Customer* : Yes, I am looking for a summer cap.
> *Clerk* : How about this black ⓐ ______ ?
> *Customer* : I like the design but its color is too dark. Will you show me ⓑ ________ ?
> *Clerk* : We have three caps here. ⓒ One is white, another is blue, and other is red.

17 위 대화에서 ⓐ와 ⓑ에 들어갈 말을 순서대로 고르시오.

① it - the other
② it - others
③ one - another
④ one - one
⑤ one - it

18 다음 문장의 밑줄 친 부분 중 어법상 옳지 않은 것을 바르게 고치시오.

> ⓒ One is white, another is blue, and other is red.

______________ → ______________

[19–20] 다음 글을 읽고 물음에 답하시오.

> Sunny lives ⓐ ______ herself (혼자), so she often gives a party on Saturday.
> She enjoys herself to prepare a party for her guests. She buys various cold drinks, sweet cookies and delicious cakes in the market.
> She always says to her friend in the party : "Enjoy ⓑ ________ at this party and ⓒ 케이크를 마음껏 드세요!" After the party, she feels happy.

various 여러가지의

19 위 글에서 ⓐ와 ⓑ에 들어갈 말을 순서대로 고르시오.

① to - herself
② to - herself
③ by - myself
④ by - yourself
⑤ in - yourself

20 밑줄 친 ⓒ에 들어갈 알맞은 말을 영작하시오.

→ ________________ to the cakes!

내신 2 대비

정답 및 해설 p.8

01 다음 중 어색한 문장을 고르시오.

① All is well.
② All of you has done a great job.
③ All of us were happy.
④ I spent all of the money.
⑤ All of the students went home.

02 다음 대화를 읽고 밑줄 친 단어가 가리키는 것이 무엇인지 고르시오.

> *Celia* : I am so starving.
> *Jack* : I have a dozen of doughnuts.
> You can take them all.

① 0개의 도넛
② 6개의 도넛
③ 10개의 도넛
④ 12개의 도넛
⑤ 답 없음.

a dozen of 12개의

03 다음 중 밑줄 친 부분이 어색한 것을 고르시오.

① Both shoes are fine.
② Both of you were great.
③ Each member pays 10 dollars.
④ Some students are from Germany.
⑤ Some of the money are missing.

04 다음 빈칸에 들어갈 말로 올바른 것을 고르시오.

> Now, you can ask questions. Do you have ______ ?
> 이제 여러분은 질문을 하실 수 있습니다.
> 질문 있으신가요?

① both
② all
③ any
④ each
⑤ others

05 다음 중 올바른 것에 O표 하시오.

> Among Korea's presidents, only (one / some) is a woman, and (the other / the others) are men.

06 다음 빈칸에 들어갈 말이 올바르게 짝지어진 것을 고르시오.

> There are three important ingredients to make an apple pie. One is apple, _______ is flour, and _______ is honey.

① another, the other
② another, the others
③ other, the other
④ other, the others
⑤ one, the others

ingredient 재료, 성분

07 다음 중 어색한 문장을 고르시오.

① Some are girls and the others are boys.
② Some are red, others are yellow.
③ The couple looked at each others.
④ One is black and the other is blue.
⑤ I don't like this one, show me another.

[08–09] 주어진 단어를 올바르게 바꾸어 쓰시오.

08

> Clair's husband is now in the hospital. She worries about _______. (he)
> Clair의 남편은 지금 병원에 있습니다.
> 그녀는 그를 걱정합니다.

09

> Students were hungry, so they bought food for _________. (they)
> 학생들은 배가 고팠습니다.
> 그래서 그들은 그들을 위한 음식을 샀습니다.

10 다음 주어진 단어가 들어갈 올바른 위치를 고르시오.

> → (itself)
> ① He ② cooked ③ the steak ④ for ⑤dinner.

11 다음 문장을 올바르게 해석한 것은?

> She made the Christmas tree by herself.

① 그녀는 자신을 위해 크리스마스트리를 만들었다.
② 그녀는 혼자 힘으로 크리스마스트리를 만들었다.
③ 그녀가 바로 그 크리스마스트리를 만들었다.
④ 그녀가 그냥 크리스마스트리를 만들었다.
⑤ 그녀는 딸을 위해 크리스마스트리를 만들었다.

12 뜻이 바르게 연결되지 않은 것을 고르면?

① enjoy oneself - 즐기다
② help oneself to ~ - ~를 마음껏 먹다
③ beside oneself - 제정신이 아닌
④ say to oneself - 혼잣말하다
⑤ make oneself at home - 집에 머무르다

13 다음 빈칸에 들어갈 알맞은 것을 고르시오.

> _______ are satisfied with the result. 우리 모두가 그 결과에 만족한다.

① Every of us
② All of us
③ Each of us
④ Everyone
⑤ Ourselves

[14–15] 다음 대화를 읽고 물음에 답하시오.

> *Dan* : Wow, you look great in your new pink dress.
> *Jenny* : Thanks, Dan. I bought it yesterday at the store.
> *Dan* : Did your mom buy it for you?
> *Jenny* : (a)No, I went to the store _________. (아니, 나는 가게에 혼자 갔어.)
> *Dan* : The color is amazing.
> *Jenny* : At first, I wanted to buy a red ⓐ one. Then I changed my mind and bought ⓑ the other one.

14 우리말에 맞게 재귀대명사를 사용하여 (a) 문장의 빈칸을 채워보시오.

I went to the store ___________.
나는 가게에 혼자 갔어.

15 보기에서 밑줄 친 ⓐ,ⓑ가 각각 가리키는 것을 고르시오.

> | 보기 |
> ① 드레스 ② 빨간 드레스 ③ 분홍 드레스

ⓐ : ____________ , ⓑ : ______________

16 다음 중 밑줄 친 one이 가리키는 것이 다른 하나를 고르시오.

① One should keep his promise.
② No one left the room.
③ One of my shoes is lost.
④ She is one of my favorite friends.
⑤ It is one's duty to keep the rule.

17 우리말에 알맞게 다음 빈칸에 들어갈 말이 알맞게 짝지어진 것을 고르면?

> *Jane* has two brothers.
> Both of them _______ to church.
> 그들은 둘 다 교회에 다닌다.
> Each of them _______ unique.
> 그들은 각기 독특하다.

① go - is
② go - are
③ goes - are
④ goes - are
⑤ going - is

18 다음 글을 읽고 빈칸에 들어갈 말이 알맞게 짝지어 진 것을 고르시오.

> She bought plants for the garden. ________ are flowers and ________ are trees.
> 일부는 꽃이고, 나머지 전부는 나무이다.

① some - another
② some - the other
③ some - others
④ some - the others
⑤ some - one another

19 우리말에 맞게 빈칸 ⓐ에 들어갈 부정대명사를 적어 보시오.

> Today, I met my friends in the park. I was surprised to see that both friends had dogs. But, ⓐ________ of them brought a different type of a dog. (그러나, 그들 각각은 다른 종류의 개를 데리고 왔다.) One had a bulldog and the other had a maltese.

ⓐ : ______________

20 다음 |보기|에서 각 빈 칸에 들어갈 알맞은 말을 고르시오.

> Susan is going to watch three movies this month; ___ⓐ___ is a romantic movie, ___ⓑ___ is a horror movie, and ___ⓒ___ is a comedy movie.

|보기|
① another ② the other ③ One

ⓐ : ______________ , ⓑ : ______________

ⓒ : ______________

Chapter 3

형용사와 부사

UNIT 1

형용사의 용법

형용사의 용법에는 두 가지가 있다.

1 한정적 용법과 서술적 용법

한정적 용법 : 명사를 수식한다.

ⓐ 보통명사는 명사 앞에서 수식해 준다.

ex. He is a **tall** boy. 그는 키가 큰 소년이다.
형용사 명사

ⓑ '~thing'은 명사 뒤에서 수식해 준다.

ex. He wants **something** **sweet.** 그는 단 것을 좀 원한다.
명사 형용사

thing(s)은 '것(들)'이라는 보통명사이므로 형용사가 앞에서 수식한다.

ex. He wants **sweet** thing(s). 그는 단 것을 원한다.

Tip! something은 긍정문, anything은 부정문과 의문문에 쓰이며, nothing은 부정의 의미를 가진다.

서술적 용법 : 보어역할을 한다.

ⓐ 2형식문장에서 주격보어로 사용된다.

ex. He is **tall.** 그는 키가 크다. He looks **tired.** 그는 피곤하게 보인다.
보어 보어

ⓑ 5형식문장에서 목적격보어로 사용된다.

ex. She makes us **happy.** 그녀는 우리를 행복하게 만든다.
보어

Tip! 우리말에서는 부사처럼 '~하게'로 해석하는 경우에도 부사를 사용해서는 안 된다.

ex. She looks happy. 그녀는 행복하게 보인다. (2형식)
~~She looks happily.~~

ex. The movie makes us sad. 그 영화는 우리를 슬프게 만든다. (5형식)
~~The movie makes us sadly.~~

기초 TEST

정답 및 해설 p.9

밑줄 친 형용사의 용법을 골라 ○표 해 보자. 한정적 용법은 수식하는 명사도 ○표 해 보자.

1 An elephant has a long nose. (한정적 용법, 서술적 용법)

2 The lion is alive. (한정적 용법, 서술적 용법)

3 Jimmy is wearing a pretty shirt. (한정적 용법, 서술적 용법)

4 They look chic. (한정적 용법, 서술적 용법)

5 He wants something sweet. (한정적 용법, 서술적 용법)

6 The story is true. (한정적 용법, 서술적 용법)

7 The baby makes me tired. (한정적 용법, 서술적 용법)

8 The leaves turned red. (한정적 용법, 서술적 용법)

9 I need hot water. (한정적 용법, 서술적 용법)

10 She brings a new friend. (한정적 용법, 서술적 용법)

11 I found Jimmy honest. (한정적 용법, 서술적 용법)

12 The song is popular with young people. (한정적 용법, 서술적 용법)

13 This apple pie smells good. (한정적 용법, 서술적 용법)

14 His voice makes us drowsy. (한정적 용법, 서술적 용법)

15 My mom enjoys soft drink. (한정적 용법, 서술적 용법)

alive 살아있는　chic 멋쟁이의, 멋스러운　true 사실인/진짜인　turn 변하다　popular with ~에게 인기있는
drowsy 졸리운

기본 TEST

다음 주어진 단어를 우리말에 알맞게 나열해 보자.

1 Dad likes to drink *something* *hot* in the morning. (hot, something)
아빠는 아침에 따뜻한 것을 마시기를 좋아한다.

2 Julie told him ________ . (something, important)
Julie는 그에게 중요한 (어떤) 것을 말했다.

3 War is an ________ . (thing, ugly)
전쟁은 추악한 것이다.

4 Is there ________ for children? (anything, interesting)
아이들에게 재미있는 것 좀 있니?

5 ________ is easy. (great, nothing)
위대한 일에 쉬운 것은 없다.

6 She found a ________ . (good, thing)
그녀는 좋은 것을 발견했다.

7 He is going to show us ________ today. (special. something)
그는 오늘 우리에게 특별한 어떤 것을 보여 줄 예정이다.

8 There was ________ for my dog at the pet shop. (good, nothing)
그 애완동물 용품점에는 나의 개에게 좋은 것이 아무것도 없었다.

9 This is the ________ . (next, thing)
이것이 다음 일이다.

10 Did you find ________ in the forest? (rare, anything)
너는 희귀한 (어떤) 것을 그 숲에서 발견했니?

war 전쟁 ugly 추(악)한, 못생긴 pet shop 애완동물 용품점 rare 드문, 희귀한 forest 숲

기본 TEST

정답 및 해설 p.9

다음 주어진 단어를 우리말에 알맞게 나열해 보자.

1 Tom considers Jane generous . (Jane, generous, considers)
Tom은 Jane이 너그럽다고 생각한다.

2 The dog ______ . (me, made, scared)
그 개는 나를 겁먹게 만들었다.

3 He ______ . (boring, felt, the drama)
그는 그 드라마가 지루하다고 느꼈다.

4 They ______ . (warm, food, need)
그들은 따뜻한 음식이 필요하다.

5 It ______ . (box, is, an, empty)
그것은 비어있는 상자이다.

6 I ______ . (found, it, false)
나는 그것이 거짓이라는 것을 알아냈다.

7 The music ______ . (comfortable, makes, us)
그 음악은 우리를 편안하게 만든다.

8 We ______ . (him, believed, honest)
우리는 그가 정직하다고 믿었다.

9 Billy ______ in the cave. (a, thing, strange, saw)
Billy는 동굴 안에서 이상한 것을 보았다.

10 Her mistake ______ . (dangerous, made, us)
그녀의 실수는 우리를 위험하게 만들었다.

generous 너그러운, 관대한 scared 겁먹은 false 잘못된, 거짓의

UNIT 2 수량형용사 1

1 all, every, each

all : 모든

all은 셀 수 있는 명사를 수식할 때는 복수로, 셀 수 없는 명사를 수식할 때는 단수로 쓰인다.

ex. **All** stores **are** closed. 모든 상점들이 문을 닫았다. ~~All store is closed.~~

ex. **All** wisdom **is** from the truth. 모든 지혜는 진리로부터 나온다.

every : 모든

every는 셀 수 있는 명사와 셀 수 없는 명사를 수식할 때 모두 단수로 쓰인다.

ex. **Every** store **is** closed. 모든 상점이 문을 닫았다. ~~Every stores are closed.~~

ex. **Every** kindness **was** shown to us. 모든 친절함이 우리에게 보여졌다.

each : 각 각의

each는 셀 수 있는 명사만 수식하며, 단수로 쓰인다.

ex. **Each** boy **has** his own talent. 각 각의 소년은 그 자신의 재능을 가지고 있다.

2 many, much, a lot of

many, much, a lot of와 같은 표현들

many = a number of	셀 수 있는 명사(복수)를 수식
much = a great deal of	셀 수 없는 명사를 수식
a lot of = lots of = plenty of	모두 수식

ex. I have **many** coins. 나는 많은 동전을 가지고 있다.
= I have **a number of** coins.
= I have **a lot of** coins.
~~I have a great deal of coins.~~

기초 TEST

정답 및 해설 p.9

다음 중 알맞은 것을 골라 보자.

1 All (pen, pens) are not made in China.
All (book, books) are sold out.
All (pleasure, pleasures) is bought at the price of pain. 고생 뒤에 낙이 온다.

2 Every (pig, pigs) has a small tail.
Every (knowledge, knowledges) can be useful anytime.
Every (place, places) is crowed with young people.

3 Each (flower, flowers) has its own beauty.
We meet four times each (week, weeks)

다음 중 알맞은 것을 골라 보자.

1 All things (is, are) made in China.
All raincoats (is, are) sold well.
All feeling (drain, drains) out of Jim.

2 Every effort (is, are) being poured into the study.
Every sea (give, gives) me inspiration.
Every girl (look, looks) slim.

3 Each dish (smell, smells) different.
Each job (have, has) attractiveness.

sold out 다 팔린 pleasure 즐거움 drain 빼내다(빠지다) pour 쏟아붓다 inspiration 영감
work 작품 attractiveness 매력

기초 TEST

다음 중 알맞은 것을 골라 보자. (두 개 가능)

1 (All, Every, Each) horses in the farm are Tom's.

2 He answered (all, every) question kindly.

3 I showed (all, each) kindness to you.

4 (All, Every) dish was delicious.

5 People have cut (all, every) trees in this place.

6 Every kitten (is, are) not cute.

7 (All, Every) student has received two pencils.

8 Each child (have, has) his own talent.

9 Father gave 10 dollars to (all, each) son.

10 (All, Every) house here (have, has) many windows.

11 All paper-cups (is, are) made in China these days.

12 All gasoline (is, are) made of petroleum.

13 (All, every) soldiers were brave in the battle.

14 Every moment (is, are) precious.

15 (Every, Each) cookie tastes great.

kitten 새끼고양이 own 자신의 talent 재능 these days 요즘 gasoline 휘발유
petroleum 석유 battle 전투 moment 순간 precious 귀중한

C 기초 TEST

정답 및 해설 p.9

다음 중 알맞은 것을 골라 보자.

1 All juice (is, are) served by the waiter.

2 Each (student, students) has his or her own dream.

3 I have to read every (book, books) here.

4 Every girl (was, were) surprised.

5 All (table, tables) in this hall are made of wood.

6 Each cup (is, are) empty.

7 Every knowledge (is, are) useful to us.

8 All love (is, are) a strong emotion.

9 Each (player, players) wears gloves.

10 All (panda, pandas) are eating bamboo.

11 Every (train, trains) is carrying people.

12 Each team (want, wants) to win.

13 Every child (is, are) going to school now.

14 All (light, lights) are turned off.

15 Every (runner, runners) is waiting.

surprised 놀란 wood 목재 empty 빈 useful 유용한 emotion 감정 bamboo 대나무 light 전등

기본 TEST

보기 안에서 빈칸에 들어갈 수 있는 말을 모두 골라 써 보자.

| 보기 |

many	much	a lot of	lots of
a number of	a great deal of	plenty of	

1 He doesn't have ___many___ coins.
He doesn't have ___a lot of___ coins.
He doesn't have ___lots of___ coins.
He doesn't have ___a number of___ coins.
He doesn't have ___plenty of___ coins.

2 They don't drink ______ milk.
They don't drink ______ milk.
They don't drink ______ milk.
They don't drink ______ milk.
They don't drink ______ milk.

3 There are ______ bees among the flowers.
There are ______ bees among the flowers.
There are ______ bees among the flowers.
There are ______ bees among the flowers.
There are ______ bees among the flowers.

bee 벌

기본 TEST

정답 및 해설 p.9

다음 중 알맞은 것을 모두 골라 보자.

1 He is eating (many, plenty of, a great deal of) hamburgers.

2 Mr. Lee has (many, a lot of, lots of) wealth.

3 (A lot of, A number of, A great deal of) seats are reserved.

4 (Many, Much, A lot of) people were shopping.

5 There is (many, a lot of, plenty of) knowledge in the books.

6 John grows (lots of, a number of, a great deal of) flowers.

7 Cathy learns (much, lots of, a number of) subjects at school.

8 (Many, A number of, A great deal of) stars were seen at night.

9 You need (lots of, many, a great deal of) money to study abroad.

10 (Many, A great deal of, a number of) salt is sold here.

11 There (was, were) not (many, plenty of, lots of) snow last winter.

12 There (is, are) (a number of, much, lots of) pens in her pencil-case.

13 (Much, A great deal of, A lot of) ants (was, were) working hard.

14 (Many, A great deal of, A lot of) cheese (is, are) in the refrigerator.

15 The monkey has (many, lots of, plenty of) hair.

wealth 재산 seat 좌석 grow 기르다 reserve 예약하다 abroad 해외로, 해외에서

실력 TEST

다음 주어진 단어를 이용하여 우리말에 알맞게 문장을 완성해 보자.

1 *All* *dogs* *are* not wild. (all, dog)
모든 개가 다 사나운 것은 아니다.

2 ________ ________ ________ cute. (every, baby)
모든 아기가 다 귀엽다.

3 ________ ________ ________ his own rifle. (each, soldier)
각 각의 군인은 그 자신의 총을 가지고 있다.

4 ________ ________ ________ back home. (all, guest)
모든 손님이 집으로 돌아갔다.

5 ________ ________ ________ not grown in Asia. (every, rice)
모든 쌀이 다 아시아에서 재배되는 것은 아니다.

6 ________ ________ ________ us its unique beauty. (each, water-fall)
각 각의 폭포는 그것의 독특한 미를 우리에게 보여준다.

7 ________ ________ in this room ________ thick. (all, book)
이 방안에 있는 모든 책이 두껍다.

8 ________ ________ ________ difficult. (every, problem)
모든 문제가 어려웠다.

9 ________ ________ ________ its own talent. (each, person)
각 각의 사람은 그 자신의 재능을 가지고 있다.

10 ________ ________ in the town ________ polluted. (all, water)
그 마을에 있는 모든 물이 오염되어 있다.

wild 야생의, 사나운 rifle (긴)총 unique 독특한 talent 재능 polluted 오염된

실력 TEST

정답 및 해설 p.10

다음 주어진 단어를 이용하여 우리말에 알맞게 문장을 완성해 보자. (두 개 가능)

1 A *lot of (A great deal of)* *skill* *is* required for the job. (skill)
많은 기술이 그 직업에 요구되어진다.

2 L ______ catching salmon. (bear)
많은 곰이 연어를 잡고 있는 중이다.

3 M ______ crossing the street. (people)
많은 사람들이 길을 건너고 있는 중이다.

4 A ______ in the hive. (honey)
많은 꿀이 벌집에 있다.

5 A ______ taught in middle school. (subject)
많은 과목이 중학교에서 가르쳐진다.

6 P ______ needed to win the game. (effort)
그 경기를 이기기 위해서는 많은 노력이 필요하다.

7 There ______ a ______ in the field. (flower)
들판에는 많은 꽃이 있다.

8 There ______ a ______ in this lake. (fish)
이 호수에는 많은 물고기가 있다.

9 There ______ a ______ on the table. (food)
식탁위에 많은 음식이 있다.

10 There ______ p ______ in the garden. (butterfly)
정원에는 많은 나비들이 있다.

require 요구하다 hive 벌집 salmon 연어 butterfly 나비

UNIT 3

수량형용사 2

1 a few, few, a little, little

a few + 셀 수 있는 명사 : 조금 있는, few + 셀 수 있는 명사 : 거의 없는

ex. I have **a few** coins. 나는 동전이 조금(몇 개) 있다. (복수)
I have **few** coins. 나는 동전이 거의 없다. (복수)

a few는 some으로 바꿔 쓸 수 있다.

ex. I have **a few** candies. = I have **some** candies. 나는 사탕이 조금 있다.

a little + 셀 수 없는 명사 : 조금 있는, little + 셀 수 없는 명사 : 거의 없는

ex. There is **a little** water. 물이 조금 있다. (단수)
There is **little** water. 물이 거의 없다. (단수)

a little은 some으로 바꿔 쓸 수 있다.

ex. I drink **a little** tea. = I drink **some** tea. 나는 차를 조금 마신다.

2 no : 하나도(전혀) 없는

no + 셀 수 있는 명사 : 단수/복수 모두 가능

ex. He has **no** sisters. = He has **no** sister. 그는 누나(들)이 하나도 없다.

no + 셀 수 없는 명사 : 단수 취급

ex. There is **no** money in his wallet. 그의 지갑 안에는 돈이 하나도 없다.

no는 'not + any'로 바꾸어 쓸 수 있다.

ex. There are **no** students on the playground. 운동장 위에는 학생들이 하나도 없다.
= There are **not any** students on the playground.

기초 TEST

정답 및 해설 p.10

다음 중 알맞은 것을 골라 보자.

1 They sold few smart-phones today.
스마트폰을 (몇 개 팔았다, 거의 팔지 못했다, 하나도 팔지 못했다)

2 Jimmy took little rest this week.
(조금 쉬었다, 거의 쉬지 못했다, 전혀 쉬지 못했다)

3 I need a few coins to pay the toll.
동전이 (몇 개 필요하다, 거의 필요하지 않다, 전혀 필요하지 않다)

4 He puts a little sugar into his coffee.
설탕을 (조금 넣는다, 거의 넣지 않는다, 전혀 넣지 않는다)

5 No star is seen in the city at night.
별이 (몇 개 보인다, 거의 보이지 않는다, 하나도 안 보인다)

6 She bakes a little bread every three days.
빵을 (조금 굽는다, 거의 굽지 않는다, 전혀 굽지 않는다)

7 I dream few dreams these days.
꿈을 (조금 꾼다, 거의 꾸지 않는다, 전혀 꾸지 않는다)

8 Few girls join the club.
소녀들은 (몇 명〈조금〉 가입한다, 거의 가입하지 않는다, 전혀 가입하지 않는다)

9 There are a few apples in the box.
사과가 (조금 있다, 거의 없다, 전혀 없다)

10 There is no jam in the refrigerator.
잼이 (조금 있다, 거의 없다, 전혀 없다)

toll 통행료 these days 요즘 join 가입하다

기본 TEST

다음 중 알맞은 것을 골라 보자.

1 He has (a few, a little) pens.

He has (a few, a little) money now.

He got (few, little) sleep.

He got (few, little) pigs.

2 She bought a few (books, butter) yesterday.

She ate a little (soup, carrots) yesterday.

She had little (books, sugar) yesterday.

She is wearing a few (hairpin, hairpins).

다음 중 알맞은 것을 골라 보자.

1 Few people (want, wants) to stay there.

There (is, are) little rain in the area.

There (is, are) a few candies in her pocket.

There (was, were) little water in the well.

2 There (is, are) no snow in this country.

No students (enter, enters) the classroom.

There (is, are) no tiger in the forest.

Any tigers (don't, doesn't) live in the desert.

area 지역 well 우물 forest 숲 desert 사막

기본 TEST

정답 및 해설 p.10

다음 중 알맞은 것을 모두 골라 보자.

1 Lily has (a few, a little) hats.

2 (Few, Little) kids are playing in the tent.

3 There are (little, no) cars in the parking lot.

4 (A few, A little) singers are enjoying the party.

5 He has (few, a few, little, a little) friends because he is selfish.

6 There is (no, a few) milk in the bottle.

7 (Few, No) student likes the teacher.

8 I have (few, no) idea.

9 My sister tells me (a few, a little) funny stories.

10 I have (few, little) flour now.

11 The professor answered (a few, a little) questions.

12 I have (few, little) books in my room.

13 Mom put (few, a little) butter into the bowl.

14 There are (a little, no) students in the library.

15 He has (few, no) time.

selfish 이기적인 flour 밀가루

실력 TEST

a few, few, a little, little, no와 함께 주어진 단어를 사용하여 우리말에 알맞게 문장을 완성해 보자.

1 They had ___little___ ___Sprite___ to drink. (Sprite)
그들은 마실 사이다가 거의 없었다.

2 She called ______________ for help. (friend)
그녀는 도움을 청하려고 몇 몇 친구들에게 전화를 했다.

3 The trees have ______________ in winter. (leaf)
그 나무들은 겨울에 잎이 거의 없다.

4 There is ______________ in the well. (water)
그 우물에는 물이 하나도 없다.

5 Susan has ______________. (ring)
Susan은 반지가 몇 개〈조금〉 있다.

6 I bought ______________. (cheese)
나는 치즈를 조금 샀다.

7 She peeled ______________. (onion)
그녀는 양파를 몇 개〈조금〉 껍질을 벗겼다.

8 The flower has ______________. (fragrance)
그 꽃은 향기가 거의 없다.

9 We took ______________. (frog)
우리는 개구리를 하나도(전혀) 잡지 못했다.

10 There is ______________ in the can. (Coke)
캔에 약간의 콜라가 있다.

well 우물 fragrance 향기

실력 TEST

정답 및 해설 p.10

다음 두 문장이 같은 뜻이 되도록 문장을 완성해 보자.

1 We have a few flowers.

= We have *some flowers* .

2 There is no clock in the room.

= There ______ in the room.

3 I was drinking a little juice.

= I was drinking ______ .

4 A few classmates like John.

= ______ like John.

5 There is a little fine dust in the sky.

= There is ______ in the sky.

6 The group missed a few members.

= The group missed ______ .

7 She has no feelings.

= She ______ .

8 Some chicken noodle soup is ready.

= ______ is ready.

9 He has no children.

= He ______ .

10 Some boxes are open.

= ______ are open.

clock 벽시계 fine dust 미세먼지 member 회원 feeling 감정, 느낌 ready 준비된

UNIT 4

부사의 역할, 타동사 + 부사

1 부사의 역할

동사, 형용사, 부사, 문장 전체를 수식한다.

동사 수식 *ex.* He arrived **late**. 그는 늦게 도착했다.

형용사 수식 *ex.* She is **very** busy. 그녀는 매우 바쁘다.

부사 수식 *ex.* I like soccer **so** much. 나는 축구를 아주 많이 좋아한다.

문장 전체 수식 *ex.* **Fortunately**, they are alive. 운이 좋게도, 그들은 살아있다.

2 타동사 + 부사

목적어가 명사인 경우와 대명사인 경우의 어순이 다르다

turn on 켜다	turn off 끄다
put on 입다	take off 벗다
try on 입어보다	wake up 깨우다
throw away 버리다	pick up 줍다
give up 포기하다	bring back 다시 가져오다

ⓐ 목적어가 명사인 경우 : 목적어가 동사와 부사 사이에 있어도 되고, 부사 뒤에 있어도 된다.

ex. Turn **the TV** off. TV를 꺼라.

= Turn off **the TV**.

ⓑ 목적어가 대명사 (it, them, me, him...)인 경우 : 목적어가 동사와 부사 사이에 와야 한다.

ex. Turn **it** on. 그것을 켜라.

~~Turn on it.~~

기초 TEST

정답 및 해설 p.10

다음 밑줄 친 부분을 우리말로 바꾸어 쓴 후, 부사가 수식하는 것을 골라 보자.

1 She got up late today. (동사, 형용사, 부사, 문장 전체)

그녀는 오늘 늦게 일어났다 .

2 Why is she so busy. (동사, 형용사, 부사, 문장 전체)

그녀는 왔 ?

3 Happily, she did not hurt. (동사, 형용사, 부사, 문장 전체)

, 그녀는 다치지 않았다.

4 They lived happily for a long time. (동사, 형용사, 부사, 문장 전체)

그들은 오래 동안 .

5 Tom likes soccer very much. (동사, 형용사, 부사, 문장 전체)

Tom은 축구를 좋아한다.

6 He seldom plays PC games. (동사, 형용사, 부사, 문장 전체)

그는 PC 게임을 .

7 She checked the luggage quickly. (동사, 형용사, 부사, 문장 전체)

그녀는 수하물을 .

8 Strangely, Jane doesn't smile these days. (동사, 형용사, 부사, 문장 전체)

, Jane은 요즈음 웃지 않는다.

9 She is too young to take the roller-coaster. (동사, 형용사, 부사, 문장 전체)

그녀는 롤러코스터 타기에 .

10 They walked slowly. (동사, 형용사, 부사, 문장 전체)

그들은 .

happily 다행히/행복하게 seldom 거의 ~가 아닌 almost 거의

기본 TEST

다음 주어진 단어들을 알맞게 나열해 보자. (두개 가능)

1 Would you ___turn it off___ ? (turn, off, it)

2 Can I ______ ? (try, on, it)

3 Susan, could you ______ ? (pick, up, the paper)

4 She told me to ______ . (put, on, them)

5 If you want, you may ______ . (try, on, the cap)

6 My mother always ______ at 7 o'clock.
(wake, up, me)

7 Don't ______ . (throw, away, the trash)

8 You should ______ . (give, up, it)

9 When you finish the books, please ______ .
(bring, back, them)

10 Can I ______ ? (turn, on, the TV)

try on 입어보다　　trash 쓰레기

기본 TEST

정답 및 해설 p.10, 11

다음 우리말에 알맞게 문장을 완성해 보자. (두 개 가능)

1 I *turned off the light (turned the light off)* .

나는 그 전등을 껐다.

2 She ______ .

그녀는 그녀의 모자를 벗었다.

3 Here is a beautiful dress. ______ .

여기 예쁜 드레스야. 그것을 입어봐.

4 ______ .

이 로션을 발라 봐.

5 I ______ .

나는 그것들을 주웠다.

6 The picture ______ .

그 사진이 나의 행복했던 날들을 기억나게 했다.

7 Could you ______ ?

히터를 켜 주시겠어요?

8 We ______ .

우리는 우리의 장갑을 끼었다.

9 He ______ .

그는 그녀의 충고를 버렸다.

10 Jenny ______ to study abroad.

Jenny는 유학을 가기 위해서 그를 포기했다.

lotion 로션 bring~ back ~을 기억나게 하다, ~을 다시 가져오다 advice 충고 abroad 해외로

실력 TEST

정답 및 해설 p.11

다음 우리말에 알맞게 문장을 완성해 보자.

1 We must stay ___silently___ .
우리는 조용히 있어야만 한다.

2 This is a ______ pretty skirt.
이것은 꽤 예쁜 스커트이다.

3 Tony sang a song ______ .
Tony는 아름답게 노래를 불렀다.

4 ______ , Sam didn't understand the lecture.
실제로, Sam은 그 강의를 이해하지 못했다.

5 People often ______ an air conditioner because of the hot weather.
사람들은 더운 날씨 때문에 에어컨을 종종 켠다.

6 I forgot to ______ my cell phone during the meeting.
나는 회의하는 동안 내 휴대폰 끄는 것을 잊어버렸다.

7 Harry didn't want to ______ .
Harry는 그것을 벗기를 원하지 않았다.

8 Sue ______ the pink blouse.
Sue는 분홍색 블라우스를 입어봤다.

9 Children ______ the can on the street.
어린이들이 길에서 깡통을 주웠다.

10 You should ______ the library books now.
너는 그 도서관 책들을 지금 다시 가져와야만 한다.

quite 꽤, 상당히　　actually 실제로

내신 1 대비

정답 및 해설 p.11

[01-03] 빈칸에 알맞은 것을 고르시오.

01

> 나의 친구는 찬 것을 좋아한다.
> My friend likes ______________ .

① cold nothing
② cold anything
③ cold something
④ something cold
⑤ something colds

02

> 각각의 나라는 그 나라의 특별한 문화를 갖고 있다.
> _________ its own special culture.

culture 문화

① Each country has
② Each countries have
③ All country has
④ All country have
⑤ Every countries have

03

> 부엌에는 음식이 하나도 없습니다.
> There _________ no food in the kitchen.

① are
② were
③ is
④ was
⑤ does

04 다음 빈칸에 들어갈 수 있는 말을 모두 고르시오.

> It makes him ____________ .

① happily
② happy
③ excitedly
④ beautifully
⑤ crazy

[05-06] 다음 중 틀린 문장을 고르시오.

05

① He is a smart student.
② The book makes us richly.
③ The pizza smells very good.
④ She is a tall and pretty girl.
⑤ I wrote a new story in my room.

richly 풍요롭게

06

① She is very beautiful.
② You like chicken so much.
③ He walks fast in the morning.
④ Fortunate, we won the game.
⑤ Tommy gets up early.

[07–08] 밑줄 친 말 대신 쓸 수 있는 말을 고르시오.

07

> A lot of people go on vacation in the summer.

① A great deal of
② Much
③ Every
④ Very much
⑤ A number of

08

> I need a little time to eat.

① a few
② few
③ some
④ little
⑤ much

09 다음 중 밑줄친 형용사의 쓰임이 나머지와 다른 하나를 고르시오.

① My sister is a nice student in the school.
② I heard a loud noise at night.
③ His birthday was a lovely day.
④ The class was too boring.
⑤ This is a fantastic present for me.

10 다음 빈칸에 알맞은 표현을 고르시오.

> *Q* : Do you have ______ special to eat?
> *A* : Yes, I have ______ cookies in my bag.

① anything, a few
② anything, a little
③ anything, not
④ things, a few
⑤ things, a little

11 다음 중 빈칸에 들어갈 수 없는 말을 고르시오.

> Amy spends ________ time to study English.

① a lot of
② lots of
③ many
④ plenty of
⑤ a great deal of

12 다음 빈칸에 들어갈 수 없는 단어를 고르시오.

> She has ________ towels in the bathroom.

① few
② no
③ little
④ some
⑤ a few

13 우리말 뜻에 맞도록 ( ) 안의 단어를 배열하시오.

> 나는 많은 책과 펜을 가지고 있다.
> (I, books, of, plenty, have, and, pens)
> → ______________________________
> ______________________________

14 우리말과 일치하도록 빈칸에 알맞은 말을 쓰시오.

> 모든 문구점들이 문을 닫아서, 지금 모든 학생은 색연필을 살 수 없다.
> → Because ① ______ stationery stores are closed, ② ________ student can't buy colored pencils now.

stationery store 문구점 colored pencils 색연필

[15–16] 다음 대화를 읽고 물음에 답하시오.

> *Mother* : Please, ⓐ (TV를 꺼라). It's time to go to bed!
> *Son* : Oh, mommy, I want to see more TV show.
> *Mother* : No, no, it's hard to ⓑ (너를 깨우다) in the morning.
> *Son* : ⓒ You make me unhappily.
> *Mother* : Good night, my son. Sweet dreams!

15 위 대화에서 ⓐ와 ⓑ에 들어갈 말을 순서대로 고르시오.

① turn on the TV - wake you up
② turn on the TV - wake up you
③ turn off the TV - wake you up
④ turn off the TV - wake on you
⑤ turn up the TV - wake you up

16 다음 문장의 밑줄 친 부분을 바르게 고치시오.

> ⓒ You make me unhappily.

____________ → ____________

[17–18] 다음 글을 읽고 물음에 답하시오.

Recently, ⓐ ________ people use a smart phone. Smart phone is very ⓑ ________ and helpful. It is like a small computer. They can talk anytime with their friends, send a text message, search the internet and take a picture by using a smart phone. ⓒ 사람들은 스마트 폰으로 재미있는 것을 할 수 있다. In addition, a smart phone helps them work easily.

17 위 글에서 ⓐ와 ⓑ에 들어갈 말을 순서대로 고르시오.

① a lot of - useful
② lots of - usefully
③ a number of - use
④ much - usefully
⑤ a great deal of - useful

18 주어진 단어를 활용하여 ⓒ의 문장을 완성하시오.

ⓒ 사람들은 스마트 폰으로 재미있는 것을 할 수 있다.
(People, something, interesting, can, on a smart phone, do)
→ ______________________________
____

19 다음 중 <u>틀린</u> 곳을 바르게 고쳐 보시오.

A helmet is important for your safety. You should put on it.

______________ → ______________

20 다음 중 알맞은 단어를 ( )에서 고르시오.

(1) I will stay here for ________ days. (a few, a little).

(2) The child drinks ________ milk every day. (a few, a little).

01 다음 중 밑줄 친 형용사의 용법이 다른 하나는?

① I'll watch a sad movie.
② She is a clever girl.
③ I want to eat something spicy.
④ He looks sick.
⑤ I want sweet chocolates.

02 다음 중 어색한 문장을 고르시오.

① All doors are closed.
② Every door is open.
③ Each member have his own opinion.
④ There are a lot of trees.
⑤ I don't have much money.

03 우리말에 맞게 영작된 문장을 고르시오.

그 컵에 주스가 거의 없다.

① There is few juice in the cup.
② There is a few juice in the cup.
③ There is little juice in the cup.
④ There is a little juice in the cup.
⑤ There are little juice in the cup.

04 같은 표현으로 들어갈 수 있는 말을 고르면?

A few people are in the bank. = ________ people are in the bank.

① some
② little
③ a little
④ few
⑤ no

05 두 문장의 뜻이 같게 빈칸을 채워보시오.

Because of the storm, there was no pedestrian on the street. = Because of the storm, there was ____ _____ pedestrian on the street.

pedestrian 보행자

06 다음 중 옳지 않은 문장을 고르시오.

① She looks healthy.
② The story sounds sadly.
③ It smells sweet.
④ The wool feels warm.
⑤ Delicious food makes people happy.

07 다음 두 문장에 공통으로 들어갈 수 있는 단어를 고르시오.

· I brought _______ books to read.
· The farmer found _______ gold from the field.

① some
② little
③ a little
④ few
⑤ a few

field 밭

08 다음 문장을 바르게 해석한 것을 고르시오.

There is no food to eat in the refrigerator.

① 냉장고에 먹을 음식이 많지 않다.
② 냉장고에 먹을 음식이 하나도 없다.
③ 냉장고에 먹을 음식이 거의 없다.
④ 냉장고에 먹을 음식이 조금 있다.
⑤ 냉장고에 먹을 음식이 많이 있다.

09 밑줄 친 단어와 바꿔 쓸 수 없는 단어를 고르시오.

I have a lot of friends.

① a number of
② a great deal of
③ many
④ lots of
⑤ plenty of

10 다음 괄호 안의 단어가 들어갈 올바른 자리를 고르시오.

(me)
① My mom ② tried ③ to ④ wake ⑤ up.

11 다음 괄호 안의 단어를 올바르게 배열하시오.

She (away, the, threw, clothes, old)
그녀는 오래된 옷을 버렸다.

____

12 다음 타동사+부사와 그 의미가 바르게 연결되지 않은 것을 고르시오.

① give up - 포기하다
② turn off - 끄다
③ bring back - 다시 가져오다
④ pick up - 접다
⑤ take off – 벗다

13 다음 밑줄 친 부사가 수식하는 부분을 올바르게 고르시오.

> Luckily, I got on the airplane.
> 운이 좋게도, 나는 비행기를 탔다.

① I
② airplane
③ got on
④ I got on
⑤ I got on the airplane.

[14–15] 다음 대화를 읽고 물음에 답하시오.

> Kim likes her classmate Corner. Corner is kind and smart. He is (a) polite to ⓐ ________ teacher in school. There are many girls who like him. Kim doesn't have ⓑ ________ courage to tell Corner that she likes him.

14 다음 ⓐ, ⓑ에 들어갈 알맞은 말을 쓰시오.

> ⓐ : He is polite to ____________ teacher in school.
> 그는 학교의 모든 선생님에게 예의바르다.
> ⓑ : Kim doesn't have ____________ courage to tell Corner that she likes him.
> Kim은 Corner에게 그녀가 그를 좋아한다는 것을 말할 어떤 용기도 없다.

15 위의 밑줄 친 형용사 (a)의 용법과 같은 것을 고르시오.

① This tea is too hot.
② Today is very hard time.
③ He is a handsome boy.
④ Library is a quiet place.
⑤ I want to drink something cold.

16 다음 밑줄 친 두 단어에 공통으로 바꿔 쓸 수 있는 단어를 고르시오.

> I have a few questions to ask.
> A little water will help him a lot.

① few
② little
③ no
④ some
⑤ many

17 다음 중 맞는 문장을 고르시오.

> · (Put them into / Put into them) the basket.
> · (Turn the music off / Turn off the music) right now.

18 다음 중 문장과 해석이 바르게 이어지지 않은 것은?

① Olivia lives by herself. - Olivia는 혼자 산다.
② They planned the trip themselves.
- 그들은 그들이 직접 여행을 계획했다.
③ That's a thankful thing in itself.
- 그것은 본래(그 자체로) 감사한 일이다.
④ Help yourself to the food.
- 음식을 마음껏 드세요.
⑤ I was beside myself with joy.
- 나 혼자만 기쁘지 않았다.

19 다음 중 빈 칸에 들어갈 수 없는 것을 고르면?

> __________ money was invested into the project.

① A lot of
② lots of
③ a great deal of
④ plenty of
⑤ a number of

invest 투자하다

[20] 다음 글을 읽고 물음에 답하시오.

> One day, we played soccer.
> Ten minutes before the end of the game, the score was 2:1.
> Our team was losing. ⓐ __________ wanted to give up the game. But our teacher shouted to us not to give up.
> We ran hard for last 10 minutes, and we scored the last goal.
> We didn't lose.

20 ⓐ 에 들어갈 알맞은 말을 고르면?

① Few player
② A few player
③ A little players
④ A little players
⑤ A few players

Chapter 4

비교

UNIT 1

원급, 비교급, 최상급

비교란?

형용사나 부사를 이용하여 둘 이상의 사람이나 사물 등 의 차이를 나타내는 것을 말한다. 비교에는 원급 비교, 비교급 비교, 최상급 비교 3가지가 있다.

원급 (동등)비교 : as 원급 as ~: ~만큼 ~ 하게

비교하는 두 개의 정도가 같을 때 사용한다.

ex. She is **as tall as** I (am). 그녀는 나만큼 키가 크다.

비교급 (우등)비교 : 비교급 than ~: ~보다 더 ~ 한

비교하는 둘 중의 하나가 그 정도가 더 할 때 사용한다.

ex. She is **taller than** I (am). 그녀는 나보다 더 키가 크다.

최상급 비교 : the 최상급 in/of ~ : ~(중)에서 가장 ~ 한

ⓐ 세 개 이상 중에서 가장 최고의 뜻을 나타낼 때 사용한다.

ex. She is **the tallest in** our class. 그녀는 우리 반에서 가장 키가 크다.

형용사의 최상급에는 the를 붙인다.

ⓑ 최상급 in + 장소, 범위 / 최상급 of + 복수명사

ex. She is the tallest **in** her team. 그녀는 그녀의 팀에서 가장 키가 크다.

ex. She is the tallest **of** the three. 그녀는 셋 중에서 가장 키가 크다.

형용사, 부사의 비교급과 최상급 (규칙변화)

규칙 변화		원급	비교급	최상급
기본 형태	+er, est	small	smaller	smallest
e로 끝난 경우	+r, +st	nice	nicer	nicest
'단모음 + 단자음'으로 끝난 경우	마지막 자음을 하나 더 붙이고 +er, est	big	bigger	biggest
'자음 + y'로 끝난 경우	y를 i로 고치고 +er, +est	happy	happier	happiest
-ful, -less, -ish, -ous -ly로 끝나는 2음절인 경우	형용사나 부사 앞에 more, most를 붙여 준다	useful	more useful	most useful
3음절이상인 경우		beautiful	more beautiful	most beautiful

형용사, 부사의 비교급과 최상급 (불규칙변화)

원급	비교급	최상급
good well	better	best
bad (ly) ill	worse	worst
many much	more	most
little	less	least

Tip! 음절이란? 하나의 모음소리가 들어있는 한 단어나 그 일부를 말한다.
소리가 없는 모음은 음절로 계산하지 않는다.
ex. good (1음절), ham-mar (2음절), dif-fe-rent (3음절)

기초 TEST

다음 중 알맞은 것을 골라 보자.

1 Airplane is (fast, faster, the fastest) than train.

2 She is (short, shorter, the shortest) of the five girls.

3 The machine is as (useful, more useful, the most useful) as this.

4 Her skin is (white, whiter, the whitest) than snow.

5 Which do you like (well, better, best), rose or lily?

6 He is as (rich, richer, the richest) as Jim.

7 Today is (cold, colder, the coldest) in this year.

다음 중 알맞은 것을 골라 보자.

1 He is the heaviest (in, of) us.

2 This game is the most interesting (in, of) the three.

3 Mt. Everest is the highest (in, of) the world.

4 This is the biggest (in, of) the six radishes.

5 The dress is the most beautiful (in, of) this store.

6 He dances best (in, of) them.

7 This lake is the deepest (in, of) Korea.

useful 유용한 skin 피부 lily 백합 radish 무우

기초 TEST

정답 및 해설 p.12

다음 중 알맞은 것을 골라 보자.

1 You are as lazy (as, than, of) Din.

2 I got (bad, worse, the worst) grades (as, than, of) she.

3 Jim doesn't like math (as, than) much (as, than, in) English.

4 The hunter is braver (as, than, of) the man.

5 Bob was (wise, wiser, the wisest) of the 7.

6 The bread doesn't taste sweeter (as, than, of) this.

7 Her hair is the longest (of, in) her family.

8 He is (strong, stronger, the strongest) of them.

9 She is more generous (as, than, in, of) Jane.

10 She is the most popular (of, in) the seven girls.

11 This is (as, than) important (as, than, of) that.

12 The baby is (as, than) cute (as, than, of) her sister.

13 You look better (as, than, in) yesterday.

14 Sam is (fattest, the fattest) (of, in) the five.

15 My dog is (as, than) slim (as, than, of) hers.

lazy 게으른 hunter 사냥꾼 generous 너그러운 popular 인기 있는

기본 TEST

우리말에 알맞게 문장을 완성해 보자.

1 Pizza tastes ___*the best of*___ all.
피자가 모든 것들 중에서 가장 맛이 있다.

2 This food is ______ that one.
이 음식은 저것보다 더 나쁘다.

3 He is ______ you.
그는 너희들 중에 가장 잘생겼다.

4 She got ______ the homeless.
그녀는 노숙자들만큼 가난해졌다.

5 Joe fell asleep ______ I.
Joe는 나보다 더 빨리 잠들었다.

6 My brother is ______ three.
나의 남동생은 셋 중에 가장 현명하다.

7 Sam moves the luggage ______ you.
Sam은 너보다 더 쉽게 그 수하물을 옮긴다.

8 He wanted ______ you.
그는 너보다 더 많이 원한다.

9 Paul works ______ an ant.
Paul은 개미만큼 많이 일한다.

10 That paper is ______ this one.
그 종이는 이것보다 더 얇다.

handsome 잘생긴 fall asleep 잠들다 thin 얇은

기본 TEST

정답 및 해설 p.12

우리말에 알맞게 문장을 완성해 보자.

1 Bill is *older than* Tom.

Bill은 Tom보다 더 나이가 들었다.

2 I am ____________ you are.

나도 너만큼 배가 고프다.

3 Jane plays sports ____________ her class.

Jane은 그의 반에서 스포츠를 가장 잘 한다.

4 She is ____________ her friends.

그녀는 그녀의 친구들 중에서 가장 총명하다.

5 August is ____________ a year.

8월은 1년 중에서 가장 덥다.

6 He got up ____________ I did.

그는 나보다 더 일찍 일어났다.

7 My big brother makes a mistake ____________ I.

나의 형은 나만큼 자주 실수를 한다.

8 I sleep ____________ 5 hours a day.

나는 하루에 5시간보다 덜 잔다.

9 Paul's farm is ____________ this village.

Paul 의 농장은 이 마을에서 가장 크다.

10 Children learns ____________ adults.

아이들은 어른보다 빨리 배운다.

intelligent 총명한 few 적은(few – fewer – fewest) mistake 실수 village 마을 adult 어른

UNIT 2 비교급의 강조, 원급을 이용한 비교급, 비교 구문을 이용한 표현

1 비교급의 강조

비교급의 강조 : 훨씬 더 ~ 하게

비교급 앞에 much, even, far, still, a lot 등을 써서 비교급을 강조하고 '훨씬'의 뜻이 있다.

ex. She is **much** taller than I. 그녀는 나보다 훨씬 더 키가 크다.

* 원래 much / a lot 많이, even 심지어, still 여전히, far 멀리(먼)의 뜻으로 쓰인다.

2 원급을 이용한 비교급 표현

원급의 부정을 비교급으로 바꾸어 쓸 수 있다.

ex. She is **not as** tall **as** I. 그녀는 나만큼 키가 크지 않다.

= I am tall**er than** she. 나는 그녀보다 키가 더 크다.

3 비교 구문을 이용한 표현

as 원급 as one can (= as 원급 as possible) : 가능한 ~한 (하게)

ex. She ran **as** fast **as** she **could**. 그녀는 가능한 빨리 달렸다.

= She ran **as** fast **as possible**.

비교급 and 비교급 : 점점 더 ~하다

ex. It is getting **warmer and warmer**. 점점 더 따뜻해진다.

the 비교급 ~, the 비교급.... : 더 ~하면 할수록, 더 ....하다

ex. **The higher** we climb, **the colder** it becomes. 더 높이 올라가면 갈수록, 더 추워진다.

배수사 as 원급 as ~ : ~보다 ....배 만큼 더 -한 (하게)

ex. Her room is **twice as** large **as** mine. 그녀의 방이 나의 방의 두 배만큼 크다.

기초 TEST

정답 및 해설 p.12

다음 밑줄 친 단어의 뜻을 골라 보자.

1 John is <u>much</u> more sensitive than you. (많이, 훨씬)

2 She is <u>still</u> pretty. (여전히, 훨씬)

3 I am <u>far</u> busier than Tommy. (멀리, 훨씬)

4 He was <u>even</u> kind to the enemy. (심지어, 훨씬)

5 It rained <u>a lot</u> this year. (많이, 훨씬)

6 Jack was <u>much</u> older than any other boy. (많이, 훨씬)

7 The tree is <u>still</u> taller than the tower. (여전히, 훨씬)

8 It is not so <u>far</u> from here. (먼, 훨씬)

9 Judy is <u>even</u> uglier than Kate. (심지어, 훨씬)

10 The earthquake killed <u>much</u> more than 3,000 people. (많이, 훨씬)

11 The eagle is <u>a lot</u> bigger than the hen. (많이, 훨씬)

12 You look <u>still</u> younger than your age. (여전히, 훨씬)

13 She can't remember <u>even</u> her address. (심지어, 훨씬)

14 Seoul is <u>far</u> bigger than Wonju. (멀리, 훨씬)

15 They are <u>still</u> studying. (여전히, 훨씬)

sensitive 예민한　enemy 적　ugly 못생긴　earthquake 지진　hen 암탉　age 나이

기초 TEST

주어진 단어를 이용하여 강조하는 문장을 만들어 보자.

1 This watch is (than, more, expensive, much) I expected.

→ This watch is *much more expensive than* I expected.

2 He was (even, than, poorer) us.

→ He was ______ us.

3 Her dad drank wine (more, than, still) mom.

→ Her dad drank wine ______ mom.

4 Lilies smell (a lot, than, better) roses.

→ Lilies smell ______ roses.

5 The wolf's teeth are (much, sharper, than) the cat's.

→ The wolf's teeth are ______ the cat's.

6 She is (than, a lot, cuter) Nancy.

→ She is ______ Nancy.

7 Tom loves me (more, than, even) you do.

→ Tom loves me ______ you do.

8 This coffee is (than, stronger, far) that one.

→ This coffee is ______ that one.

9 He left (still, than, later) you.

→ He left ______ you.

10 It doesn't take (far, more, than) an hour.

→ It doesn't take ______ an hour.

expect 기대하다 wine 포도주 strong (맛이) 강한

기초 TEST

정답 및 해설 p.12

다음 두 문장이 같은 뜻이 되도록 문장을 완성하고 우리말도 완성해 보자.

1 The pigs eat as much as they can.

= The pigs eat as much as possible.

그 돼지들은 가능한 많이 먹는다.

2 Susan must rest as much as she can.

= Susan must rest ________________.

Susan은 ________________ 쉬어야만 한다.

3 Peter treated them as kindly as he could.

= Peter treated them ________________.

Peter는 ________________ 그들을 대했다.

4 We always walk as slowly as possible.

= We always walk ________________.

우리는 항상 ________________ 걷는다.

5 Her brother learned as hard as possible.

= Her brother learned ________________.

그녀의 남동생은 ________________ 배웠다.

6 He and I started as early as possible.

= He and I started ________________.

그와 나는 ________________ 출발했다.

treat 대하다, 다루다

기본 TEST

원급은 비교급으로, 비교급은 원급으로 바꿔 같은 문장을 만들어보자.

1 He is not as happy as you.

= *You are happier than he (is)* .

2 She is more famous than he.

= ______ .

3 The castle is not as old as this.

= ______ .

4 Tennis is not as exciting as soccer.

= ______ .

5 Tom flies an airplane better than Bob.

= ______ .

6 His icecream is not as big as mine.

= ______ .

7 This question is easier than it.

= ______ .

8 The dog is cuter than the cat.

= ______ .

9 The apple doesn't taste as good as the orange.

= ______ .

10 The tiger's tail is longer than the cat's.

= ______ .

castle 성 fly 날다, 조종하다

B 기본 TEST

정답 및 해설 p.12, 13

주어진 문장을 우리말로 옮겨 보자.

1 The harder he studies, the happier he feels.

그가 열심히 공부할수록 그는 더 행복하게 느낀다 .

2 This pen is twice as expensive as that one.

이 펜은 .

3 A cheeta is four times as fast as a dog.

치타는 .

4 Your future is looking brighter and brighter.

너의 미래는 .

5 The higher the mountain is, the deeper the valley is.

산이 더 높을수록 .

6 He paints a darker and darker picture.

그는 그린다.

7 This sausage is three times as long as that one.

이 소시지는 .

8 Here is half as high as there.

여기는 .

9 My daughter's English is getting better and better.

나의 딸의 영어는 .

10 The darker it got, the colder it got.

더 어두워질수록 .

cheeta 치타 valley 계곡 look 보이다 bright 밝은 half 반, 절반 get cold 추워지다

실력 TEST

정답 및 해설 p.13

우리말에 알맞게 문장을 완성해 보자.

1 We walked *four times as much as* them.
우리는 그들 보다 4배 더 많이 걸었다.

2 She spoke ______________.
그녀는 점점 더 빨리 말했다.

3 ______________ you eat, ______________ weight you will gain.
네가 더 많이 먹을수록, 너는 더 많은 체중을 얻을 것이다.

4 ______________ you work, ______________ you are promoted.
네가 더 열심히 일할수록 너는 더 빨리 승진한다.

5 Every summer is getting ______________.
매해 여름이 점점 더 더워진다.

6 This book is ______________ that book.
이 책은 저 책보다 3배 두껍다.

7 ______________ people get, ______________ they get.
사람들은 나이가 먹을수록, 더 현명해진다.

8 This gold coin weighs ______________ that one.
이 금화는 저것 보다 5배 무게가 나간다.

9 ______________ go abroad to play golf.
점점 더 많은 사람들이 골프치러 해외에 나간다.

10 This is ______________ that.
이것은 저것의 절반 만큼 크다.

weight 체중 gain 얻다 promote 승진시키다 thick 두꺼운 weigh 무게가 나가다 abroad 해외에 half 절반, 반

내신 1 대비

정답 및 해설 p.13

[01~03] 빈칸에 알맞은 것을 고르시오.

01

> 그는 그녀만큼 똑똑하다.
> He is ________ her.

① as smarter as
② as smart as
③ more smart than
④ most smart
⑤ most smartest

02

> 네 방이 내 방보다 더 좋다.
> Your room is ________ mine.

① as good as
② as better as
③ gooder than
④ better than
⑤ the better

03

> Tony는 우리 반에서 가장 키가 크다.
> Tony is ________ our class.

① the tall in
② the taller in
③ the tallest in
④ the tallest of
⑤ the taller than

04 다음 빈칸에 들어갈 수 없는 말을 고르시오.

> This book is ________ more interesting than the drama.

① much
② very
③ even
④ still
⑤ far

05 빈칸에 들어갈 단어가 알맞게 짝지어진 것을 고르시오.

> • A computer is as ________ as a cell phone.
> • A computer is the ________ in the world.

① use - more useful
② use - most useful
③ useful - usefulest
④ useful - more useful
⑤ useful - most useful

[06–07] 다음 중 틀린 문장을 고르시오.

06 ① Jane is not taller than you.
② Amy's house is larger than my house.
③ This summer isn't hotter than last summer.
④ She is as pretty as my cousin.
⑤ Today is the colder day of this winter.

cousin 사촌

07 ① This car is the most faster in the shop.
② He works harder than his friend.
③ The hat is more expensive than the cap.
④ Soccer is more dangerous than baseball.
⑤ My sister is older than you.

fast 빠른

08 주어진 문장과 의미가 같은 문장으로 바꿔 보시오.

Playing the piano is more interesting than playing the guitar.

Playing the guitar ________
interesting ______ playing the piano.

[09–10] 밑줄 친 말 대신 쓸 수 있는 말을 고르시오.

09

She read as much as she could.

① couldn't
② possible
③ was
④ is
⑤ must

10

My mother looks much younger than her age.

① a little
② very
③ a lot
④ many
⑤ most

11 다음 중 원급–비교급–최상급 변화가 잘못된 단어를 고르시오.

① big - bigger- biggest
② heavy - more heavy - most heavy
③ nice - nicer - nicest
④ useful - more useful - most useful
⑤ bad - worse - worst

12 다음 빈칸에 들어갈 알맞은 단어를 고르시오.

> Her bag is _______ as big as yours.
> 그녀의 가방은 너의 가방의 두 배만큼 크다.

① two
② second times
③ twice
④ two-second
⑤ two times

13 우리말 뜻에 맞도록 ( ) 안의 단어를 넣어 보시오.

> 점점 더 따뜻해지고 있다.
> It is getting ____________ and ___________.

14 우리말과 일치하도록 주어진 단어를 활용하여 빈칸에 알맞은 말을 쓰시오.

> ____________ you study,
> ____________ grade you get.
> 더 열심히 공부할수록, 더 좋은 성적을 받는다.
> (hard, good)

15 다음 중 알맞은 단어를 ( )에서 고르시오.

(1) I have _______ books than you. (many, more).

(2) Tom's grade is the worst _______ my school. (of, in).

grade 성적

16 다음 중 어법상 옳은 문장을 고르시오.

① Nana is the older in her team.
② Today is the best day of my school life.
③ Yumi is the shortest than her brother.
④ Minho is more handsome in his class.
⑤ This is the expensivest watch in this shop.

[17–18] 다음 대화를 읽고 물음에 답하시오.

A : Long time no see.
How are you doing?
B : This year is ⓐ ____ than the last year.
A : I am sorry to hear that.
What happened to you?
B : Homework is ⓑ ____ more difficult for me than before. ⓒ I am not as smart as other friends.
A : I don't think so. Cheer up!

17 위 대화에서 ⓐ와 ⓑ에 들어갈 말을 순서대로 고르시오.

① bad - even
② bad - still
③ worse - far
④ worse - very
⑤ worst - a lot

18 다음 문장의 밑줄 친 문장을 비교급으로 고쳐 같은 의미가 되도록 쓰시오.

ⓒ I am not as smart as other friends.

→ ______________________

[19–20] 다음 글을 읽고 물음에 답하시오.

I have a pet cat at home. Her name is Cathy and 5 years old. She is ⓐ ________ ____________ my younger sister. Cathy is the ⓑ ______________ in my life. She is really cute and pretty so I love her very much. But Cathy likes eating too much. ⓒ 그녀는 점점 더 뚱뚱해지고 있다. I am worried about her health. She has to excercise now.

19 위 글에서 ⓐ와 ⓑ에 들어갈 말을 순서대로 고르시오.

① as younger as - most important friends
② as younger as - most important friend
③ as older as - most important friends
④ as old as - most important friend
⑤ as old as - most important friends

20 주어진 단어를 활용하여 ⓒ의 문장을 완성하시오.

ⓒ 그녀는 점점 더 뚱뚱해지고 있다.
(get, fat)

→ ______________________

내신 2 대비

정답 및 해설 p.13

01 다음 문장을 바르게 영작한 것을 고르시오.

Tom은 그의 어머니만큼 키가 크다.

① Tom is as tall as his mother.
② Tom is tall as his mother.
③ Tom is tallest as his mother.
④ Tom is taller than his mother.
⑤ Tom is as taller than his mother.

02 다음 주어진 문장을 바르게 영작한 것을 고르시오.

나의 남동생은 나보다 힘이 세다.

① My brother is the strongest in the family.
② My brother is the strongest of the family.
③ My brother is as strong as I.
④ My brother is stronger than I.
⑤ My brother is stronger than mine.

03 다음 빈칸에 들어갈 말로 알맞은 것을 고르시오.

This is ______________ that.
이것이 저것보다 더 유용하다.

① as useful as
② useful than
③ usefuller than
④ more useful than
⑤ most useful than

04 다음 중 문맥에 맞는 단어에 O표하시오.

· He is the shortest (in / of) his football team.
그는 그의 미식축구팀에서 가장 키가 작다.
· I am the fattest (in / of) my friends.
나는 내 친구들 중에서 가장 뚱뚱하다.

[05–06] 다음 괄호 안의 주어진 단어를 문맥에 알맞게 바꾸어 써 넣으시오.

05

Emilia was chosen as __________ __________ woman in the world. (beautiful)
Emilia는 세계에서 가장 아름다운 여자로 선정되었다.

06

George got ______________ piece of the cake. (big)
George는 그 케이크의 가장 큰 조각을 받았다.

내신 2 대비

07 다음 대화의 빈칸에 들어갈 수 없는 말을 고르시오.

A : How is she now?
B : She is ________ than yesterday.

① better
② ill
③ worse
④ sicker
⑤ much better

08 다음 밑줄 친 단어와 바꿔 쓸 수 없는 표현을 고르시오.

The elephant is much bigger than the bear.

① very
② even
③ far
④ still
⑤ a lot

09 다음 주어진 두 문장이 같은 뜻이 되도록 빈칸을 채워 보시오.

Sam finished his homework as fast as possible.
= Sam finished his homework as fast as he ________.

10 다음 보기 중 원급–비교급–최상급이 옳지 않은 것을 고르시오.

| 보기 |
ⓐ ill - worse - worst
ⓑ pretty - more pretty - most pretty
ⓒ good - better - best
ⓓ well - better - best
ⓔ bad - worse - worst

① ⓐ
② ⓑ
③ ⓒ
④ ⓓ
⑤ ⓔ

11 다음 괄호 안의 단어가 들어갈 올바른 위치를 고르시오.

The vitamin ① is ② as ③ bitter ④ as ⑤ the medicine. (not)
비타민은 그 약만큼 쓰지 않다.

[12-13] 다음 대화를 읽고 물음에 답하시오.

> *Bill* : I hired a new assistant, Sally.
> Lee : What happened to Jack?
> *Bill* : Jack quitted his job to study abroad.
> *Lee* : That's too bad. How's your new assistant?
> *Bill* : I like her. Sally works much ⓐ ___________ Jack. And ⓑ she tries to learn as much as she can.
> *Lee* : She is a very hard working woman.
> *Bill* : Yes, she is.

12 우리말에 알맞게 ⓐ에 들어갈 말을 채워보시오.

> Sally works much ⓐ ___________ Jack. Sally는 Jack보다도 훨씬 더 열심히 일해.

13 밑줄 친 ⓑ를 바르게 해석한 문장을 고르시오.

① 그녀는 배우려고 많이 노력해.
② 그녀는 배우면 배울수록 노력해.
③ 그녀는 점점 더 많이 배우려고 노력해.
④ 그녀는 Jack보다 더 많이 배우려고 노력해.
⑤ 그녀는 가능한 한 많이 배우려고 노력해.

[14-15] 다음 대화를 읽고 물음에 답하시오.

> It is a hot summer day. It is getting (hot) ⓐ _________ and ⓑ _________ as the day passes. Today, I read in the newspaper that Seoul's temperature is ⓑ _________ as ⓒ _________ as London.
> 오늘 나는 신문에서 서울의 온도가 런던보다 두 배가 높다는 기사를 읽었다.

14 문맥에 알맞게 ⓐ, ⓑ를 채워 보시오.

> It is getting ⓐ _________ and ⓑ _________ as the day passes.
> (hot) 날이 지날수록 점점 더 더워진다.

15 ⓑ와 ⓒ에 들어갈 말로 알맞게 짝지어진 것을 고르시오.

① two - high
② two - higher
③ two - highest
④ twice - high
⑤ twice - higher

[16–18] 각 빈칸에 들어갈 말이 알맞게 짝지어진 것을 고르시오.

16

When I met Mary first, she spoke good English. Now, she is even __________. She's the __________ of my students. (good)

① good - better
② good - best
③ better - goodest
④ better - best
⑤ better - the most good

17

Your score is ____________ mine.
너의 성적이 나의 성적보다 높다.

① as high as
② more high than
③ high than
④ higher than
⑤ the highest

18

Tina is ____________ person I have ever met.
Tina는 내가 만난 사람 중 가장 이기적인 사람이다.

① as selfish
② more selfish
③ the most selfish
④ the selfishest
⑤ selfisher

selfish 이기적인

19 다음 밑줄 친 단어 중 형태가 다른 하나를 고르시오.

① Koby is the oldest in his village.
② Thank you for making today the best day.
③ Tommy is nicer than his sister.
④ John is the strongest in his class.
⑤ It is the most valuable painting in the world.

valuable 귀중한, 가치있는

20 다음 중 틀린 문장을 고르시오.

① Brian is younger than you.
② Ann's essay is longer than mine.
③ This one is more expensive than the last one.
④ She is as pretty as my cousin.
⑤ Today is the warmer than yesterday.

Chapter 5

전치사

핵심정리

전치사란?

명사/동명사 등의 앞에 붙어 시간, 장소, 방향,... 등을 나타내는 말이다.

1 시간을 나타내는 전치사

at / on / in

- **at** : 시각 앞에

  ex. I gets up **at** 7 o'clock. 나는 7시에 일어난다.

- **on** : 날짜, 요일 앞에

  ex. He visits his parents **on** Saturdays. 그는 토요일마다 그의 부모님을 방문한다.

- **in** : 월, 연도, 계절 앞에

  ex. My family lived here **in** 2010. 나의 가족은 2010년에 여기 살았다.

  2가지 이상이 복합되었을 때는 가장 작은 단위에 맞춰 전치사를 사용하면 된다.

  ex. **in** March 2014 **on** Sunday March 16th **at** 6, March 16th, 2014

before / after

- **before** : ~ 전에

  ex. I finished my homework **before** dinner. 나는 저녁식사 전에 나의 숙제를 끝마쳤다.

- **after** : ~ 후에

  ex. He takes a walk **after** lunch. 그는 점심식사 후에 산책을 한다.

2 장소를 나타내는 전치사

at / in

- **at** : ~ 에 (비교적 좁은 장소나 특정한 지점에 있을 때)

  ex. He lives **at** this town. 그는 이 마을에 산다.

  I am sitting **at** the desk. 나는 책상 (앞)에 앉아 있다.

• in : ~ (안)에 (비교적 넓은 장소나 공간 안에 있을 때)

ex. She lives **in** Seoul. 그녀는 서울에 산다.

Two books are **in** the box. 두 권의 책이 상자 안에 있다.

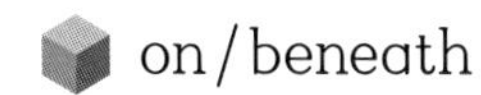

on / beneath

• on : ~ 위에 (표면에 접촉하여 위에 있을 때)

ex. There is a watch **on** the table. 시계 하나가 탁자 위에 있다.

• beneath : ~ 아래에(밑에) (표면에 접촉하여 아래에 있을 때)

ex. There is a mosquito **beneath** the table. 모기 한 마리가 탁자 밑에 있다.

over / under

• over : ~ 위에 (전 범위에 걸쳐 덮고 있을 때)

ex. A rainbow is **over** the sky. 무지개가 하늘 위에 떠 있다.

• under : ~ 아래에 (떨어져서 아래에)

ex. A cat is **under** the table. 고양이가 탁자 아래에 있다.

by, in front of, behind

• by / beside / next to : ~ 옆에

ex. A boy is **by** my car. 한 소년이 내 차 옆에 있다.

• in front of : ~ 앞에

ex. A boy is **in front of** my car. 한 소년이 내 차 앞에 있다.

• behind : ~ 뒤에

ex. A boy is **behind** my car. 한 소년이 내 차 뒤에 있다.

between / among

• between : ~ (둘) 사이에

ex. I sat **between** Jane **and** Ann. 나는 Jane과 Ann 사이에 앉았다.

• among : ~ (셋 이상의) 가운데에

ex. I sat **among** the five girls. 나는 5명의 소녀들 가운데에 앉았다.

3 방향을 나타내는 전치사

▸up / down, into / out of

up / down

• up : ~ 위로

ex. Jane climbed **up** to the mountain. Jane은 산 위로 올라갔다.

• down : ~ 아래로

ex. Jane went **down** to the mountain. Jane은 산 아래로 내려갔다.

into / out of

• into : ~ 안으로

ex. A man came **into** the building. 한 남자가 빌딩 안으로 들어갔다.

• out of : ~ 밖으로

ex. A man got **out of** the building. 한 남자가 빌딩 밖으로 나왔다.

▸across, along, around, through

across, along, around, through

• across : ~ 을 가로질러

ex. I walked **across** the street. 나는 길을 가로질러 걸었다.

• along : ~ 을 따라

ex. I walked **along** the street. 나는 길을 따라 걸었다.

• around : ~ 주위에(를)

ex. I walked **around** the lake. 나는 호수 주위를 걸었다.

• through : ~ 을 통과하여

ex. I walked **through** the tunnel. 나는 터널을 통과하여 걸었다.

up
down

into
out of

across

along

around

through

UNIT 1 시간을 나타내는 전치사

1 for와 during

for (~동안) : 시간의 길이를 나타내는 명사(구)

ex. I studied English **for** 3 hours. 나는 3시간 동안 영어를 공부했다.

Tip! 대부분, 숫자가 붙은 명사 앞에는 for를 사용한다.

during (~동안) : 특정 기간을 나타내는 명사(구)

ex. It snowed **during** the night. 밤새 눈이 내렸다.

Tip! 숫자 없는 명사 앞에는 대개 during을 사용한다.

2 from과 since

from (~부터) : 동작이나 사건이 '시작되는 시점'을 말한다.

ex. I worked for the bank **from** May. 나는 5월부터 그 은행에서 일했다.

* from ~ to... : ~ 로부터 ....까지

ex. I worked for the bank from May to July. 나는 5월부터 7월까지 그 은행에서 일했다.

since (~부터, ~이래로) : 과거에 일어난 일이 '현재까지 계속될 때'

ex. I **have lived** here **since** 2008. 나는 2008년부터 여기서 살고 있다.

*since는 주로 현재완료와 함께 사용한다.

3 by와 until (till)

by (~까지) : 동작이나 상태의 '끝나는 시점'을 나타낼 때

ex. I will come back **by** 6. 나는 6시까지 돌아 올 것이다.

Tip! 대개의 경우 우리말로 '계속'을 넣어봐서 부자연스러우면 by를 사용한다.

until (till) (~까지) : 동작이나 상태가 '어느 한 시점까지 계속'될 때

ex. I waited for her **until** 6. 나는 6시까지 그녀를 기다렸다.

Tip! 대개의 경우 우리말로 '계속'을 넣어봐서 자연스러우면 until을 사용한다.

기초 TEST

정답 및 해설 p.14

다음 중 알맞은 전치사를 골라 보자.

1 They lived in London (for, during) 2 years.

2 She stayed at her grandmother's (for, during) the winter.

3 We walked (for, during) 3 hours.

4 He has been here (for, during) 5 days.

5 He helped poor people (for, during) the vacation.

다음 중 알맞은 전치사를 골라 보자.

1 He works (from, since) morning till night.

2 Jane has been sick (from, since) yesterday.

3 I have eaten nothing (from, since) this morning.

4 She works (from, since) Monday to Friday.

5 We have stayed here (from, since) last week.

다음 중 알맞은 전치사를 골라 보자.

1 I stood at the lobby (by, until) five o'clock.

2 I have to finish this work (by, until) Monday.

3 The ship will arrive (by, until) tomorrow morning.

4 He will stay in New york (by, until) next month.

5 She should leave here (by, until) 10 a.m.

기본 TEST

다음 우리말에 알맞게 빈칸에 전치사를 써 넣어 보자.

1 People can't enter the museum _from_ today.
사람들은 오늘부터 그 박물관에 들어 갈 수 없다.

2 He has worked as a fire-fighter ______ 2005.
그는 2005년부터 소방관으로 일하고 있다.

3 She has been sick ______ a week.
그녀는 일주일 동안 아팠다.

4 It rained ______ five days.
비가 5일 동안 내렸다.

5 We have to be quiet ______ our teacher's arrival.
우리는 선생님의 도착 때까지 조용히 있어야 한다.

6 The students are going to excercise ______ the summer vacation.
학생들은 여름방학 동안 운동을 할 것이다.

7 They have lived here ______ last year.
그들은 작년부터 여기서 살고 있다.

8 Sunny played the computer game ______ 7 o'clock.
Sunny는 7시부터 컴퓨터 게임을 했다.

9 Tom has to return the book ______ tomorrow.
Tom은 내일까지 책을 반납해야 한다.

10 I often play soccer with my classmates ______ lunch time.
나는 점심시간동안 종종 나의 반 친구들과 축구를 한다.

museum 박물관 arrival 도착 return 반납하다 classmate 학급친구

기본 TEST

정답 및 해설 p.14

다음 우리말에 알맞게 빈칸에 전치사를 써 넣어 보자.

1 Kate has been busy *for* 3 days.
Kate는 3일 동안 바빴다.

2 Uncle has lived in America ______ 2012.
삼촌은 2012년부터 미국에서 살고 있다.

3 I didn't say anything ______ break time.
나는 휴식시간동안 아무말도 하지 않았다.

4 They stayed at the hospital ______ 5 days.
그들은 병원에 5일 동안 머물렀다.

5 We haven't met each other ______ last month.
우리는 지난 달 이후로(이래로) 서로 만난 적이 없다.

6 Peter is going to stay in London ______ next week.
Peter는 다음 주까지 런던에 머무를 예정이다.

7 I will finish this project ______ October.
나는 10월까지 이 프로젝트를 끝낼 것이다.

8 He wanted to go to the toilet ______ the exam.
그는 시험을 보는 동안 화장실에 가고 싶었다.

9 I have to make a special card ______ my mother's birthday.
나는 엄마 생일 때까지 특별한 카드를 만들어야 한다.

10 Kathy is on holiday ______ July 25 ______ August 2.
Kathy는 7월 25일부터 8월 2일까지 휴가이다.

hospital 병원 project 프로젝트(과제) toilet 화장실 cell phone 휴대폰 on holiday 휴가 중

UNIT 2 장소, 방향을 나타내는 전치사, 기타 전치사

1 장소를 나타내는 전치사 above, below

above : (~보다 떨어져서) 위에

ex. An airplane is flying **above** the clouds. 비행기가 구름 위를 날고 있다.

below : (~보다) 아래에

ex. He hit **below** the belt. 그는 벨트 아래를 쳤다.

2 방향을 나타내는 전치사 to, for

to : ~로, ~에

주로 도착지를 나타내며 go, come, return 등의 동사와 함께 쓰인다.

ex. He went **to** Swiss. 그는 스위스에 갔다.

for : ~로, ~을 향하여

주로 도착지를 나타내며 start, leave 등의 동사와 함께 쓰인다.

ex. She left **for** Seoul. 그녀는 서울로 떠났다.

Tip! for가 있고 없음에 따라 서로 반대의 뜻이 된다.
ex. She left for Seoul. 그녀는 서울로 떠났다.
She left Seoul. 그녀는 서울을 떠났다.

3 기타 전치사

▸with와 without

with : ~와 함께, ~을 가지고 있는, ~을 가지고 (사용하여)

ex. I live **with** my parents. 나는 나의 부모님과 함께 산다.
I like the girl **with** long hair. 나는 긴 머리를 가지고 있는 그 소녀를 좋아한다.
I cut the apple **with** a knife. 나는 칼로(칼을 사용하여) 사과를 잘랐다.

without : ~없는, ~없이

ex. We saw a rose **without** a thorn. 우리는 가시 없는 장미를 보았다.
The old man walks **without** a cane. 그 노인은 지팡이 없이 걷는다.

▸by와 in

by+교통수단 : ~를 타고

ex. We go to school **by** bus. 우리는 버스를 타고 학교에 간다.
~~We go to school by the bus.~~

in a car / taxi : 차/택시를 타고

ex. She came **in** a taxi. 그녀는 택시를 타고 왔다.
~~She came in taxi.~~

▸about

about : ~에 대해서 / 관해서, *약/대략 (부사)

ex. They talked **about** the movie. 그들은 그 영화에 대해서 이야기했다.
전치사

ex. I ran for **about** two hours. 나는 약 2시간 동안을 달렸다.
부사

기초 TEST

다음 중 알맞은 전치사를 골라 보자.

1 The seagulls fly low (above, below) the ocean.

2 My aunt left (to, for) Japan.

3 She can't start her work (to, without) a computer.

4 We go to the church (by, in) subway.

5 She has a spot (below, for) her left eye.

6 Lily is looking at the picture (above, for) the couch.

7 They are talking (in, about) the new project.

8 They will start (for, above) Italy next week.

9 Can you come (to, for) my house today?

10 This story is (by, about) the history of Korea.

11 I am happy to be (with, above) you.

12 Gina came (in, by) a taxi.

13 We go (to, in) school every weekday.

14 The ground is (above, for) sea level.

15 Her grandmother can read (about, without) glasses.

ocean 대양, 바다 seagull 갈매기 spot 반점 weekday 평일 ground 지표면 sea level 해수면

B 기초 TEST

정답 및 해설 p.14

다음 중 알맞은 전치사를 골라 보자.

1 He can do it (without, about) your help.

2 Rosa goes to the beach (by, in) train.

3 I hope to spend more time (with, about) my friends.

4 Harris started (in, for) Paris yesterday.

5 Mina went to church (to, in) a car.

6 I studied for (about, by) four hours.(부사)

7 They wants to play (with, about) Tom.

8 She is planning to return (to, by) her hometown.

9 The horse can run for two hours (by, without) a break.

10 I am looking for a book (to, about) the universe.

11 Some boats are (above, on) the sea.

12 His family went (to, in) Singapore for vacation.

13 Hoya will leave (for, about) another country.

14 Linda came to my house (in, by) subway.

15 How can we live (without, above) the smart phone?

hope 희망하다 spend (시간을)보내다, (돈을)소비하다 hometown 고향 break 휴식 universe 우주
country 국가, 나라

A 기본 TEST

다음 우리말에 알맞게 빈칸에 전치사를 써 넣어 보자.

1 Jane went shopping _with_ mom.
Jane은 엄마와 함께 쇼핑을 갔었다.

2 I had to go to the dentist ______ taxi.
나는 치과에 택시를 타고 가야만 했다.

3 My grade is ______ average.
내 성적은 평균 아래에 있다.

4 I'm flying ______ the clouds.
나는 구름 위를 날아가고 있다.

5 He went ______ the city for a job.
그는 직업을 구하기 위해서 도시로 갔다.

6 She has to leave ______ the airport early in the morning.
그녀는 아침 일찍 공항으로 떠나야한다.

7 She goes to work ______ bus everyday.
그녀는 매일 버스를 타고 출근한다.

8 I had a quarrel ______ Susan yesterday.
나는 어제 Susan과 말다툼을 했다.

9 He wrote something on the ground ______ saying.
그는 말없이 땅위에 무언가를 썼다.

10 I watched the movie ______ the Korean War.
나는 한국전쟁에 관한 영화를 보았다.

dentist 치과의사 rock 바위 cloud 구름 quarrel 말다툼(언쟁) ground 땅

기본 TEST

정답 및 해설 p.14

다음 우리말에 알맞게 빈칸에 전치사를 써 넣어 보자.

1 I can do my homework *without* mom.
나는 엄마 없이도 내 숙제를 할 수 있다.

2 There is a waterfall ______ the bridge.
이 다리 아래에 폭포가 있다.

3 I'll be back in ______ ten minutes. (부사)
약 10분 내로 돌아올게요.

4 The sun rose ______ the horizon.
해가 지평선 위로 떠올랐다.

5 Tommy went ______ the moon in his dream.
Tommy는 그의 꿈속에서 달에 갔다.

6 He left ______ Seoul 1 hour ago.
그는 한 시간 전에 서울을 떠났다.

7 They started ______ Busan last month.
그들은 지난 달에 부산을 향해 출발했다.

8 I cut my finger ______ a sharp knife this morning.
오늘 아침 날카로운 칼로 나의 손가락을 베었다.

9 She got hurt ______ the knee.
그녀는 무릎 아래를 다쳤다.

10 Many people heard the story ______ the weather.
많은 사람들은 날씨에 관한 그 이야기를 들었습니다.

waterfall 폭포 horizon 지평선 sharp 날카로운

UNIT 3

전치사를 이용한 표현

be동사 + 형용사 + 전치사

be late for ~	~에 늦다
be absent from~	~에 결석하다
be proud of ~	~을 자랑스러워하다
be afraid of ~	~을 두려워하다
be interested in ~	~에 흥미가 있다
be tired of ~	~에 싫증이 나다
be good at ~	~을 잘하다
be bad(poor) at ~	~을 못하다
be full of ~	~으로 가득 차 있다
be filled with ~	~으로 가득 차 있다
be different from ~	~와 다르다
be famous for~	~로 유명하다

일반동사 + 전치사

look at ~	~을 보다
listen to ~	~을 듣다
wait for~	~를 기다리다
look for ~	~를 찾다
take care of ~	~를 돌보다
look like ~	~처럼 보이다
look forward to ~	~를 고대하다
get to ~	~에 도착하다

기초 TEST

정답 및 해설 p.14

다음 보기에서 알맞은 것을 골라 써 넣어 보자.

| 보기 |

be late for ~	be absent from ~	be proud of ~
be afraid of ~	be interested in ~	be tired of ~
be good at ~	be bad(poor) at ~	be full of ~
be filled with ~	be different from ~	be famous for ~

1 ~에 늦다 *be late for ~*

2 ~을 잘 한다

3 ~와 다르다

4 ~을 자랑스러워하다

5 ~로 유명하다

6 ~에 흥미가 있다

7 ~에 결석하다

8 ~을 못하다

9 ~을 두려워하다

10 ~에 싫증이 나다

11 ~으로 가득 차 있다

12 ~으로 가득 차 있다

기본 TEST

다음 보기에서 알맞은 것을 골라 써 넣어 보자.

| 보기 |

look at ~	listen to ~	wait for~
look for ~	take care of ~	look like ~
look forward to ~	get to ~	

1 ~을 보다 *look at ~*

2 ~를 기다리다

3 ~를 돌보다

4 ~를 찾다

5 ~에 도착하다

6 ~처럼 보이다

7 ~를 고대하다

8 ~를 듣다

기본 TEST

정답 및 해설 p.14

다음 주어진 단어를 이용하여 우리말에 알맞게 문장을 완성해 보자.

1 Tom *is late for* school today. (late)
Tom은 오늘 학교에 늦었다.

2 My sister ____________ school yesterday. (absent)
내 여동생은 어제 학교에 결석을 했다.

3 She ____________ her job. (tired)
그녀는 자신의 일에 싫증이 나 있다.

4 He ____________ driving. (poor)
그는 운전을 못한다. (운전 솜씨가 없다)

5 The kettle ____________ water. (filled)
주전자가 물로 가득 차 있었다.

6 You have to ____________ yourself. (proud)
너는 너 스스로를 자랑스러워 해야한다.

7 You ____________ speaking English and Japanese. (good)
너는 영어와 일본어 말하기를 잘한다.

8 Sonya ____________ Africa. (interested)
Sonya는 아프리카에 흥미가 있다.

9 Some students ____________ exams. (afraid)
몇몇 학생들은 시험을 두려워한다.

10 I wish this year will ____________ happiness. (full)
나는 올해 행복으로 가득하기를 바란다.

Africa 아프리카 happiness 행복

실력 TEST

정답 및 해설 p.15

우리말에 알맞게 문장을 완성해 보자.

1 The pool *is filled with(is full of)* balloons.
그 풀이 풍선들로 가득 차 있다.

2 The movie ______ the novel.
그 영화는 소설과는 다르다.

3 Nancy's hobby is to ______ classical music.
Nancy의 취미는 고전음악 듣기이다.

4 We ______ Seoul Station at 7 o'clock.
우리는 7시에 서울역에 도착했다.

5 Korea ______ Kimchi.
한국은 김치로 유명하다.

6 He ______ his father.
그는 그의 아빠처럼 보인다.

7 I am ______ my ring.
나는 나의 반지를 찾고 있는 중이다.

8 I won't ______ you anymore.
나는 더 이상 너를 기다리지 않을 것이다.

9 Mary ______ meeting you.
Mary는 너를 만나기를 고대한다.

10 She ______ her children with love.
그녀는 사랑으로 그녀의 자식들을 돌본다.

classical music 고전음악　anymore 더 이상

내신 1 대비

정답 및 해설 p.15

[01~03] 빈칸에 알맞은 것을 고르시오.

01

그녀는 야간에 병원에서 일한다.
She works nights ________ the hospital.

① on
② over
③ to
④ at
⑤ after

02

우리는 6월 5일에 만날 예정이다.
We are going to meet ________ .

① in June 5th
② at June 5th
③ on June 5th
④ to June 5th
⑤ of June 5th

03

Sunny와 그녀의 고양이는 호수 주위를 산책하고 있다.
Sunny and her cat are walking ___________ .

① around the lake
② along the lake
③ across the lake
④ through the lake
⑤ into the lake

04 다음 빈칸에 공통으로 들어갈 말을 고르시오.

She will come back ______ 10 o'clock.
He went to the city ______ train.

① in
② by
③ until
④ on
⑤ from

[05-06] 다음 중 틀린 문장을 고르시오.

05
① Mr. Smith read a book about the earth.
② Children went to school by the bus.
③ He came home in a bus.
④ They live with their family.
⑤ I love the cookies without sugar.

06
① Sally walks her dog in the park.
② A baby is sleeping in the room.
③ There is a calendar on the desk.
④ The cat is in front to the door.
⑤ Our school is between the church and the store.

07 다음 중 밑줄 친 곳을 바르게 고쳐 보시오.

> My grandfather has lived in Seoul for 2002.

__________ → __________

08 다음 빈칸에 순서대로 알맞은 것을 고르시오.

> 그는 런던으로 떠났다.
> He left ______ London.
> 그는 런던을 떠났다.
> He left ______ London.

① for - to
② to - for
③ for - 없음
④ 없음 - for
⑤ above - for

09 다음 빈칸에 들어갈 말로 알맞은 전치사를 고르시오.

> She is traveling America ______ a car.

① of
② with
③ in
④ to
⑤ by

10 다음 중 by의 의미가 나머지와 다른 하나를 고르시오.

① I will finish my work by ten o'clock.
② There is my house by the river.
③ Lisa sat by the boy.
④ There is a ball by the box.
⑤ He stood by the tree.

11 다음 빈칸에 순서대로 들어갈 알맞은 표현을 고르시오.

- Paul is poor _____ history.
- Jane is good _____ science.

① to, at
② of, by
③ in, by
④ of, in
⑤ at, at

12 다음 중 빈칸에 들어갈 말로 알맞은 것을 고르시오.

He learned Chinese __________ the winter vacation.
그는 겨울방학 동안 중국어를 배웠다.

① from
② during
③ on
④ after
⑤ above

13 우리말과 일치하도록 빈칸에 알맞은 말을 쓰시오.

Sally는 노래를 부르는 것에 싫증이 났다.
→ Sally ________________ singing a song.

14 다음 중 빈칸에 'to'가 어울리지 않는 문장을 고르시오.

① The bank is next ___ my school.
② She went ___ L.A with her friends.
③ Ray likes the girl ___ short hair.
④ Nina goes ___ the market on Saturdays.
⑤ We can get ___ the airport in time.

15 우리말 뜻에 맞도록 (　) 안의 단어를 배열하시오.

그들은 엄마를 만나기를 고대하고 있다.
(looking, to, forward, they, meeting, are, mom)
→ ______________________________
____

16 다음 빈칸에 들어갈 전치사를 쓰시오.

The bathtub is filled _____ water.
= The bathtub is full _____ water.

→ ____________ , ____________

bathtub 욕조

[17–18] 다음 대화를 읽고 물음에 답하시오.

> *A* : Luke is absent ⓐ ____ the class today because he is sick.
> *B* : I am worried about his condition.
> *A* : Don't worry. His mother takes care ⓑ ____ him now.
> *B* : It is a good thing.
> *A* : ⓒ However, he must finish his homework in tomorrow.
> *B* : Oh, that's too bad.

condition 상태 It is a good thing. 다행이다.

17 위 대화에서 ⓐ와 ⓑ에 들어갈 말을 순서대로 고르시오.

① from - for
② at - for
③ from - of
④ for - of
⑤ at - to

18 다음 문장의 밑줄 친 부분 중 어법상 옳지 않은 것을 바르게 고치시오.

> ⓒ However, he must finish his homework in tomorrow.

________ → ________

[19–20] 다음 글을 읽고 물음에 답하시오.

> Alice has been interested ⓐ ______ cooking since last year. She went to a cooking school and read many cookbooks. Finally she won the gold medal in the cooking contest last month. Now she is good ⓑ ______ cooking. Therefore, her parents are proud ⓒ ______ their daughter. ⓓ 그녀는 그녀의 특별한 초콜릿 쿠키로 유명하다.

19 위 글에서 ⓐ, ⓑ, ⓒ에 순서대로 들어갈 말을 고르시오.

① with - at - of
② with - in - to
③ in - at - of
④ for - in - to
⑤ in - for - of

20 밑줄 친 ⓓ에 들어갈 알맞은 말을 영작하시오.

> 그녀는 그녀의 특별한 초콜릿 쿠키 (her special chocolate cookies) 로 유명하다.

____

____

내신 2 대비

정답 및 해설 p.15

[01~03] 빈칸에 알맞은 것을 고르시오.

01

I visited my grandparents' ___________ the vacation.
나는 방학 동안 조부모님 댁을 방문했다.

① for
② from
③ since
④ during
⑤ by

02

I have learned to play the flute __________ I was 10 years old.
나는 열 살 때부터 플룻을 연주하는 것을 배웠다.

① since
② from
③ until
④ during
⑤ for

03

I waited for my friend __________ the sky got dark.
나는 하늘이 어두워질 때까지 친구를 기다렸다.

① since
② from
③ until
④ during
⑤ for

04 다음 중 밑줄 친 부분이 어색한 문장을 고르시오.

① He went to Singapore.
② She left for Paris.
③ A beautiful rainbow is above the buildings.
④ She cut the paper with a knife.
⑤ They talked by the book.

[05~06] 다음 중 문맥에 맞는 단어에 O표하시오

05

You must come back home (until / by) eleven o' clock.
너는 열한시까지 집에 와야 한다.

06

A man in suit came (in / to) a black limousine.
양복을 입은 남자가 검정 리무진을 타고 왔다.

limousine 리무진

07 다음 의미가 바르게 연결되지 않은 것은?

| 보기 |
ⓐ be tired of ~ ~에 싫증이 나다
ⓑ be good at ~ ~을 잘하다
ⓒ be poor at ~ ~을 불쌍히 여기다
ⓓ be full of ~ ~으로 가득 차 있다
ⓔ be absent from ~에 결석하다

① ⓐ
② ⓑ
③ ⓒ
④ ⓓ
⑤ ⓔ

08 다음 중 by의 의미가 나머지와 다른 하나를 고르시오.

① I will complete the project by tomorrow.
② My mom goes to work by subway.
③ You must arrive at the airport by seven.
④ She is going to stay here by next Monday.
⑤ He will come back by the end of this month.

09 다음 중 about의 용법이 나머지와 다른 하나를 고르시오.

① She likes to talk about others.
② Let's not argue about it.
③ The work will take about a day.
④ This movie is about a famous singer.
⑤ This is the booklet about safety.

argue 논쟁하다, 다투다 booklet 소책자

10 다음 두 빈칸에 공통으로 들어갈 단어를 고르시오.

• She cooked ramen _____ her secret sauce.
• Dan lives _____ his sisters and brothers.

secret 비밀의

① in
② to
③ for
④ by
⑤ with

11 다음 밑줄 친 전치사가 어색한 것은?

① My grandmother took care of me.
② This is different from yours.
③ She listens to hiphop music.
④ I am afraid for a dog.
⑤ He is good at math.

12 우리말 뜻에 맞도록 ( ) 안의 단어를 배열하시오.

> 그들의 접시는 음식으로 가득 차 있다.
> (dishes, with, filled, their, are, food)
> → ______________________________
> ______________________________

13 다음 문장을 바르게 해석한 것은?

> He looked forward to meeting friends.

① 그는 친구들을 만나는 것을 고대했다.
② 그는 친구들을 만나는 것을 계획했다.
③ 그는 친구들을 만나는 곳에 도착했다.
④ 그는 친구들을 만나기 위해 예약을 했다.
⑤ 그는 친구들을 만나기 위해 출발했다.

[14–15] 다음 글을 읽고 물음에 답하시오.

> A famous world star visited Korea. At the airport, hundreds of fans waited ⓐ _____ him. Because the airplane arrived late, the star was late ⓑ _____ his fan meeting. A lot of Koreans like him. Because he is ⓒ _____ Korean food and culture.
> (왜냐하면 그는 한국 음식과 문화에 관심이 있기 때문이다.)

14 다음 ⓐ, ⓑ 빈칸에 공통으로 들어갈 전치사는?

① to
② for
③ about
④ with
⑤ at

15 우리말에 맞게 ⓒ에 들어갈 단어를 골라보시오.

① proud at
② proud of
③ interested at
④ interested in
⑤ famous for

16 다음 빈칸에 공통으로 들어갈 전치사를 고르시오.

> • She will return _____ dinner.
> • He left for a trip _____ bus.

① in
② by
③ until
④ on
⑤ from

17 밑줄 친 말 대신 쓸 수 있는 말을 고르시오.

> A treasure box is hidden <u>in the back of</u> the apple tree.

① behind
② among
③ beneath
④ across
⑤ beside

18 다음 빈칸에 순서대로 들어갈 알맞은 표현을 고르세요.

> • Paul went _____ the bakery.
> • She stood _____ the bus stop.

① to, at
② of, by
③ in, for
④ of, in
⑤ on, to

19 다음 중 틀린 곳을 찾아 바르게 고쳐 보시오.

> *Kate* worked at the coffee shop since July to August.
> Kate는 7월부터 8월까지 커피숍에서 일했다.

_______________ → _______________

20 다음 중 빈 칸에 'of'가 어울리지 <u>않는</u> 문장을 고르시오.

① He got tired _____ endless work.
② She got _____ the airport on time.
③ The bottle is full _____ clean water.
④ His parents are proud _____ their job.
⑤ I am afraid _____ snakes.

Chapter 6

명사절, 상관접속사

UNIT 1 접속사 that이 이끄는 명사절

명사절이란?

문장 안에서 명사역할을 하는 절을 말하며 접속사 that, whether(=if), 의문사 등이 절을 이끈다.

절이란?

두 개 이상 단어가 모여있는 말의 덩어리에서 주어와 동사가 있는 경우를 절이라고 하며, 절에는 주절과 종속절(명사절, 부사절, 형용사절)이 있다. 이 절들은 접속사 및 의문사 등에 의해서 연결된다.

1 접속사 that이 이끄는 명사절의 '역할'

- 우리말로는 '~라는 것, ~라고'에 해당한다.

〈주어〉 *ex.* **That he is honest** is true. 그가 정직하다는 것은 사실이다.
주어

〈목적어〉 *ex.* I think **that he is honest.** 나는 그가 정직하다고 생각한다.
목적어

〈보어〉 *ex.* The fact is **that he is honest.** 사실은 그가 정직하다는 것이다.
보어

2 가주어 it과 that의 생략

- 가주어 it : that으로 시작되는 명사절은 주어로 문장 앞에 잘 쓰지 않는다.
  그 대신 가주어 it으로 바꾸어 쓰는 것이 보통이다.

ex. That he is smart is true. 그가 똑똑하다는 것은 사실이다.
= **It** is true **that he is smart.**
가주어 진주어

- that의 생략 : that으로 시작되는 명사절이 목적어로 쓰일 때는 접속사 that을 생략할 수 있다.

ex. I think **that** she is wise. 나는 그녀가 현명하다고 생각한다.
= I think she is wise.

Tip! that이 이끄는 명사절의 어순은 'that 주어 + 동사 ~' 이다.

기초 TEST

정답 및 해설 p.16

밑줄 친 부분을 우리말로 바꾸고 문장내의 역할을 골라 보자.

1 That he is diligent is true. (주어, 목적어, 보어)

그가 부지런하다는 것 은 사실이다.

2 I think that she knows the truth. (주어, 목적어, 보어)

나는 ______________ 고 생각한다.

3 That he is rich is not important. (주어, 목적어, 보어)

______________ 은 중요하지 않다.

4 They know that she is talkative. (주어, 목적어, 보어)

그들은 ______________ 을 알고 있다.

5 Nobody believed that Kate studied in London. (주어, 목적어, 보어)

아무도 ______________ 을 믿지 않았다.

6 The fact is that he isn't a doctor. (주어, 목적어, 보어)

사실은 ______________ 이다.

7 Mom thinks that I play PC games too much. (주어, 목적어, 보어)

엄마는 ______________ 고 생각한다.

8 That Tom is a good boy is true. (주어, 목적어, 보어)

______________ 은 사실이다.

talkative 수다스러운

기본 TEST

다음에서 명사절을 찾아 밑줄을 친후, 같은 뜻이 되도록 문장을 완성해 보자.

1 That he is brave is not true.
= It is not true *that he is brave* .

2 That I am busy is false.
= It is false ______________ .

3 It is true that he bought a yacht.
= ______________ is true.

4 It is known that Peter is a liar.
= ______________ is known.

5 That love is sweet is said.
= It is said ______________ .

다음에서 생략이 가능한 접속사 that에 ×표 해 보자.

1 He thinks ~~that~~ I am foolish.
2 I know that you are busy.
3 That he was kind to you is suprising.
4 I don't think that she is pretty.
5 That he is handsome is reported.
6 She believes that her son studies hard.
7 That she is intelligent is true.

yacht 요트 false 거짓의 liar 거짓말쟁이 report 보고하다, (말을) 전하다 intelligent 지적인
It is said that ~이라고 한다

기본 TEST

정답 및 해설 p.16

다음 우리말의 명사절을 찾아 밑줄을 친후, 주어진 단어를 이용하여 우리말에 알맞게 문장을 완성해 보자.

1 *That she was sick* is true. (sick)

그녀가 아팠다는 것은 사실이다.

2 Dad hopes ______ . (become)

아빠는 내가 피아니스트 되기를 희망한다.

3 I know ______ . (fake)

나는 이 그림이 위조품이라는 것을 알고 있다.

4 She feels ______ . (warm)

그녀는 그가 매우 따뜻하다고 느낀다.

5 People know ______ for health. (bad)

사람들은 흡연이 건강에 나쁘다는 것을 안다.

6 It is said ______ . (make)

그녀가 큰 돈을 벌었다고 한다.

7 The question is ______ . (upset)

문제는 엄마가 화가 나있다는 것이다.

8 Jenny believes ______ . (possible)

Jenny는 모든 것이 가능하다고 믿는다.

9 I think ______ . (high)

나는 가격이 너무 높다고 생각한다.

10 He suspected ______ . (right)

그는 그것이 옳은지(맞는지)를 의심했다.

fake 위조품 It is said that ~이라고 한다 make big money 큰 돈을 벌다 possible 가능한
price 가격 suspect 의심하다

UNIT 2

상관접속사

상관접속사란?
두 개 이상의 단어가 하나의 접속사 역할을 하는 것을 말한다.

both A and B : A와 B 둘 다

'both A and B'가 주어로 쓰이면 복수 취급하므로, 복수형 동사를 써야 한다.

ex. **Both he and I are** good at math. 그와 나는 둘 다 수학을 잘한다.

either A or B : A와 B 둘 중에 하나

'either A or B'가 주어로 쓰일 때, 뒤에 있는 B에 동사의 수를 맞춘다.

ex. **Either you or he has** to go. 너와 그 둘 중 하나가 가야한다.

neither A nor B : A도 B도 아닌

'neither A nor B'가 주어로 쓰일 때, 뒤에 있는 B에 동사의 수를 맞춘다.

ex. **Neither she nor I am** tall. 그녀도 나도 키가 크지 않다.

not only A but (also) B : A 뿐만 아니라 B도

'not only A but also B'가 주어로 쓰일 때, 뒤에 있는 B에 동사의 수를 맞춘다. (B를 강조하기 때문에)

ex. **Not only** you **but also Bill plays** tennis everyday. 너뿐만 아니라 Bill도 매일 테니스를 친다.

not A but B : A가 아니라 B가

'not A but B'가 주어로 쓰일 때, B에 동사의 수를 맞춘다.

ex. **Not** you **but Bill has** to go. 네가 아니라 Bill이 가야한다.

기초 TEST

정답 및 해설 p.16

접속사를 찾아 ○표 하고 우리말로 옮겨 보자.

1 Both he and I are not good at math.

그와 나는 둘 다 수학을 잘 못한다.

2 Either she or you are right.

옳다.

3 Neither I nor he needs to go there.

거기에 갈 필요가 .

4 Not only dogs but also cats are very cute.

매우 귀엽다.

5 Not Jane but Tom has to go to the doctor.

병원에 가야 한다.

6 Either you or I have to take pictures.

사진을 찍어야만 한다.

7 Neither you nor Bill made a mistake.

실수를 .

8 He was both tired and hungry.

그는 .

9 My hobby is not swimming but shopping.

나의 취미는 .

10 She likes not only to read but also to write a book.

그녀는 좋아한다.

make a mistake 실수를 하다 hobby 취미

기초 TEST

다음 중 알맞은 접속사를 골라 보자.

1 (Either, Both) his hands and feet are too big.

2 (Not, both) the children but their mother was pleased.

3 (Neither, Either) Sue nor Tom talked to each other.

4 Bill lost (not only, either) money but also the best friend.

5 She skips either lunch (and, or) dinner everyday.

6 (Either, Both) Jim and his brother are coming.

7 Not only Korea (but, or) also China is very hot in summer.

8 The lady is (both, not) a nurse but a doctor.

9 I wrote both my name (and, or) my address on the paper.

10 Cindy neither slept (and, nor) ate for several days.

11 She is making not only coffee (and, but also) tea now.

12 She has (both, neither) a pen nor a pencil to write with.

13 Those are not fruits (but, but also) vegetables.

14 You may use (both, either) credit cards or checks.

15 Jane has studied (both, not only) music but also fine art.

skip 건너뛰다 several 몇몇의 credit card 신용카드 check 수표

C 기초 TEST

정답 및 해설 p.16

다음 중 알맞은 동사를 골라 보자.

1 Either you or he (have, has) to do it.

2 Both her arms and legs (is, are) long.

3 Either Tom or you (is, are) at fault.

4 Not only Ann but also her brother (like, likes) to sing.

5 Both my dog and cat (get, gets) along together.

6 Not only dad but also mom (take, takes) a walk everyday.

7 Both he and she (is, are) very warm.

8 Either she or you (is, are) to blame.

9 Both math and English (is, are) difficult for me.

10 Not only Ann but also Jane (is, are) scolded by the teacher.

11 Both Jack and Jane (is, are) blond.

12 Not only garlic but also ginger (is, are) good for health.

13 Both Jim and Bill (was, were) satisfied with the result.

14 Not only you but also your sister (is, are) pretty.

15 Either he or I (have, has) to go out to meet her.

at fault 죄(책임)가 있는 get along 잘 지내다 be to blame 책임이 있다 scold 꾸짖다 blond 금발의
garlic 마늘 ginger 생강 result 결과 go out to meet ~를 마중하다

A 기본 TEST

우리말에 알맞게 문장을 완성해 보자.

1 I enjoy watching ____both____ TV ____and____ movies.
나는 TV와 영화 둘 다 보는 것을 즐긴다.

2 ________ Lily ________ you have to be a leader.
Lily와 너 둘 중에 한명은 지도자가 되어야 한다.

3 This is ________ studying ________ playing.
이것은 공부하는 것도 노는 것도 아니다.

4 Babies need ________ love ________ care.
아기들은 사랑뿐만 아니라 돌봄도 필요하다.

5 Megan is ________ intelligent ________ selfish.
Megan은 총명한 것이 아니라 이기적이다.

6 Matthew can speak ________ Chinese ________ Japanese.
Matthew는 중국어와 일본어 둘 다 말할 수 있다.

7 I would like to drink ________ green tea ________ milk tea.
나는 녹차나 밀크티 둘 중에 하나를 마시고 싶다.

8 They were ________ students ________ teachers.
그들은 학생들도 선생님들도 아니었다.

9 Daniel has ________ a cell phone ________ a laptop.
Daniel은 휴대폰 뿐만 아니라 노트북도 가지고 있다.

10 I want to eat ________ rice cake ________ bread.
나는 떡이 아니라 빵을 먹고 싶다.

care 돌봄 intelligent 총명한 laptop 노트북 rice cake 떡

B 기본 TEST

정답 및 해설 p.16

다음 주어진 동사를 이용하여 우리말에 알맞게 문장을 완성해 보자.

1 Either you or I ___have___ to look after the patient. (have)
너와 나 둘 중에 하나가 그 환자를 돌봐야 한다.

2 Both Tom and Jim ________ Taekwondo. (play)
Tom과 Jim 둘 다 태권도를 한다.

3 Neither he nor I ________ free now. (be)
그도 나도 한가하지 않다.

4 Not only dad but also mom ________ at home. (be)
아빠 뿐만 아니라 엄마도 집에 계신다.

5 Not mom but dad ________ doing house chores. (be)
엄마가 아니라 아빠가 집안일을 하고 있다.

6 Either she or he ________ to go an errand. (have)
그녀와 그 중에 한 명은 심부름을 하러 가야만 한다.

7 Not only she but also you ________ beautiful. (be)
그녀뿐만 아니라 너도 아름답다.

8 Both speaking and writing English ________ not easy for me. (be)
영어로 말하기와 쓰기 둘 다 내겐 쉽지 않다.

9 Not I but he ________ painting a mural. (be)
내가 아니라 그가 벽화를 그리고 있다.

10 Neither he nor I ________ fat. (be)
그와 나 둘 다 뚱뚱하지 않다.

house chores 집안일　go an errand 심부름 하러 가다　mural 벽화

실력 TEST

정답 및 해설 p.17

우리말에 알맞게 문장을 완성해 보자.

1 Mary is ___both kind and tender___.
Mary는 친절도 하고 자상도 하다.

2 He is ______.
그는 가난할 뿐만 아니라 게으르기까지 하다.

3 ______ have to prepare food to eat.
Sara와 나 둘 중하나는 먹을 음식을 준비해야한다.

4 These are ______.
이것들은 사과도 배도 아니다.

5 ______ was stolen yesterday.
어제 시계뿐만 아니라 반지도 도둑맞았다.

6 ______ have a happy time.
나의 아기와 나는 둘 다 행복한 시간을 보내고 있다.

7 Answer me with ______.
예, 아니오로(예와 아니오 둘 중에 하나로) 대답해라.

8 That is ______.
저것은 사람이 아니라 유령이다.

9 You have to choose ______.
너는 피자 또는 파스타 둘 중에 하나를 선택해야한다.

10 Positive thinking is good for ______.
긍정적인 생각은 몸과 마음 둘 다에 유익하다.

tender 자상한 lazy 게으른 pear 배 human being 사람, 인간 ghost 유령
choose 선택하다 positive 긍정적인 body 몸 mind 마음

내신 1 대비

정답 및 해설 p.17

[01~03] 빈칸에 알맞은 것을 고르시오.

01

그 소년과 그 소녀 둘 다 영리하고 예쁘다.
__________ are clever and pretty.

① Either the boy or the girl
② Either the boy and the girl
③ Neither the boy nor the girl
④ Both the boy and the girl
⑤ Both the boy or the girl

02

한국이 월드컵에서 우승했다는 것은 우리를 행복하게 했다.
______________ made us happy.

① That Korean win the World Cup
② That Korean World cup
③ That Korea won the World Cup
④ This Korea won the World Cup
⑤ Those Korea won the World Cup

03

Terry는 그들이 형제라는 것을 몰랐다.
Terry didn't know _____________

① how they are brothers
② that they are brothers.
③ that brother they are.
④ their brother are.
⑤ their brothers.

04 다음 밑줄 친 That 중에 생략이 불가능한 것을 고르시오.

① He thinks that we are sad.
② Every student believed that he was a teacher.
③ I hope that I buy the car.
④ That the bag is cheap is true.
⑤ She didn't know that he was absent from the class.

cheap 싸구려인

05 빈칸에 들어갈 단어가 알맞게 짝지어진 것을 고르시오.

• ________ Harry or Sally has to come here.
• ________ Harry nor Sally wants to come here.

① Neither - Either
② Neither - Both
③ Either - Either
④ Either - Neither
⑤ Both - Neither

내신 1 대비

[06-07] 다음 중 틀린 문장을 고르시오.

06
① That Jenny is a doctor is important.
② She gets angry is true.
③ We think Tom is kind.
④ I said that he was handsome.
⑤ That Sally has a car is a lie.

07
① Both you and I are poor at cooking.
② Either he or she are right.
③ Sam is not a teacher but a janitor.
④ Tommy keeps not only a dog but also a lizard.
⑤ Jimmy has neither siblings nor cousins.

janitor 수위 lizard 도마뱀 sibling 형제자매

08 우리말에 알맞게 빈칸을 채우시오.

The businessman needs ________ money ________ time now.
그 사업가는 지금 돈이 아니고 시간이 필요하다.

09 밑줄 친 말 대신 쓸 수 있는 말을 고르시오.

That she is young is true.

① She is young and true.
② She is young that true is.
③ That is true or she is young.
④ It is young that she is true.
⑤ It is true that she is young.

10 다음 밑줄 친 내용 중 문법적으로 옳지 않은 것을 고르시오.

Sunny : Would you like some ① coffee?
Mary : I ② don't drink coffee. ③ Either tea ④ or milk ⑤ are fine.

11 우리말과 일치하도록 주어진 단어를 활용하여 빈칸에 알맞은 말을 쓰시오.

It was ________ windy ________ rainy yesterday.
어제는 바람이 불지도 비가 오지도 않았다.

12 다음 밑줄 친 명사절의 역할을 잘못 설명한 것을 고르시오.

① I know that she is a liar. 〈보어〉
② The fact is that I didn't read the book. 〈보어〉
③ It is certain that she is late for the class. 〈주어〉
④ I think that she is beautiful. 〈목적어〉
⑤ That Andy is strong is true. 〈주어〉

13 다음 빈칸에 공통으로 들어갈 말을 고르시오.

• Not only you ___ also I eat fast.
• Not I ___ Jane is watching the TV show.

① but
② and
③ or
④ nor
⑤ also

14 다음 빈칸에 들어갈 알맞은 단어를 고르시오.

He can cook not only rice _________ noodle.
그는 밥뿐만 아니라 국수도 요리할 수 있다.

① and
② but also
③ both
④ so
⑤ or

15 우리말 뜻에 맞도록 ( ) 안의 단어를 배열하시오.

나는 그녀가 천재라는 것을 믿는다.
(she, a, is, I, that, genius, believe)

→ ______________________________

16 다음 중 틀린 곳을 바르게 고쳐 보시오. (한 단어)

Both Cindy and Brian does yoga on Sundays.

______________ → ______________

on Sundays 일요일마다

[17-18] 다음 대화를 읽고 물음에 답하시오.

Mom : Suji and Sumi, Where are my daughters?
Suji : We are here, Mom.
Mom : ⓐ Suji나 Sumi 둘 중에 한명은 마켓에 가야한다. Who wants to go?
Sumi : Oh, I can't go. I have to study for the tomorrow's test.
Suji : I am also busy now.
Mon : ⓑ That you are so busy is not true. Until now, you are playing the computer games, aren't you?

17 주어진 단어를 이용하여 우리말에 알맞게 영작하시오.

ⓐ Suji나 Sumi 둘 중에 한명은 마켓에 가야한다.
(go to the market, should)

____

18 다음 문장을 가주어 it을 사용하여 바꾸시오.

ⓐ That you are brave is not true.

→ ________________

[19-20] 다음 글을 읽고 물음에 답하시오.

Dear, Henry!
How are you?
Yesterday, when I went to the Seoul library, I thought about you. ⓐ ____ you ⓑ ____ I liked the library. It was interesting ⓒ ____ we met there after school. And ⓓ we (   ) many books (   ) about those books. I really miss you now.
Take care!
From, Sena.

19 위 글에서 ⓐ, ⓑ, ⓒ에 들어갈 말로 바르게 짝지어진 것을 고르시오.

① Not - but - it
② Not - and - it
③ Both - and - that
④ Both - or - that
⑤ Both - but - that

20 다음 빈칸을 채워 문장을 완성하시오.

We ____________ many books ____________ about those books.
우리는 많은 책을 읽었을 뿐만 아니라 그 책들에 대해서 이야기했다. (read, talk)

내신 2 대비

01 밑줄 친 부분과 접속사 that이 이끄는 명사절의 역할이 바르게 연결되지 않은 것을 고르시오.

① That she is sick is true. - 주어
② She said that he was rich. - 목적어
③ We know that she is smart. - 목적어
④ The truth is that he loves you. - 보어
⑤ I guess that the answer is wrong. - 보어

02 다음 중 밑줄 친 that을 생략할 수 없는 문장을 고르시오.

① That the teacher is angry is certain.
② I think that you are wrong.
③ She can't believe that her mother passed away 1 hour ago.
④ Tom knows that Jenny is his friend's sister.
⑤ We believe that he is honest.

03 다음 중 밑줄 친 부분이 틀린 것은?

① Both he and she need to be punished.
② Both answers are correct.
③ Either you or she have to leave here.
④ Either Ben or Amy is wrong.
⑤ Neither he or I go to school today.

04 다음 중 문맥에 알맞는 표현에 O표 하시오.

(No / Not) a child but a grown-up (has / have) to attend the meeting.
어린이가 아니라 어른이 그 모임에 참석해야 한다.

05 다음 대화를 읽고 회의에 가는 사람은 총 몇 명인지 고르시오.

A : I don't understand why you and I should go to school on a holiday.
B : Don't complain. Not only we but also Angela and her boyfriend will go to school.

complain 불평하다

① 0명
② 1명
③ 2명
④ 3명
⑤ 4명

06 다음 중 빈칸에 들어갈 말로 알맞은 것은?

> Not only you but also your son
> ________ good at singing!

① be
② is
③ are
④ were
⑤ do

[07~09] 빈칸에 알맞은 것을 고르시오.

07

> ____________ are clever and pretty. 너와 너의 언니 둘 다 영리하고 예쁘다.

① Either you or your sister
② Either you and your sister
③ Neither you nor your sister
④ Both you and your sister
⑤ Both you or your sister

08

> She likes ______ you ______ *Paul*.
> 그녀는 네가 아니라 Paul을 좋아한다.

① don't - but
② not only – but also
③ not - but
④ neither - nor
⑤ either - or

09

> ______ I ______ he is busy today.
> 나도 그도 오늘은 바쁘지 않다

① Neither - nor
② Neither - or
③ Both - not
④ Both - nor
⑤ Either - nor

10 주어진 문장 대신 쓸 수 있는 말을 고르시오.

> That the Red Sea exists is true.

exist 존재하다

① The Red Sea exists and true.
② That is true or the Red Sea exists.
③ It is exists that the Red sea is true.
④ It is true that the Red Sea exists.
⑤ It is true that the Red Sea exists is.

11 다음 밑줄 친 내용 중 어법상 옳지 않은 것을 고르시오.

> *Waiter* : Would you like something to ①drink?
> *I* : I ②don't like cold drinks.
> ③Either hot tea ④or coffee ⑤are good.

12 다음 중 밑줄 친 부분을 바르게 고쳐 보시오.

> Both Emma and Daniel <u>was</u> present at the meeting.

be present at ~에 출석하다

was → ________

13 우리말 뜻에 알맞게 괄호 안의 단어를 나열하시오.

> ________________ your father.
> (that, is, is, he, it, false)
> 그가 당신의 아버지라는 것은 거짓입니다.

false 거짓인

[14–15] 다음 글을 읽고 물음에 답하시오.

> It is ⓐ ________ sunny ⓑ ________ dry today. (오늘은 맑지도, 건조하지도 않다.) Instead, it snows. The weather service was wrong to tell people that the today's weather would be nice. A lot of people didn't bring their umbrellas.

14 밑줄 친 ⓐ, ⓑ에 각각 들어갈 단어를 적으시오.

ⓐ : ____________ , ⓑ : ____________

15 다음 글을 읽고, 글의 내용과 맞는 것을 고르시오.

① 오늘은 날씨가 맑다.
② 날씨 예보가 오늘 눈이 올 것이라고 했다.
③ 날씨 예보가 틀렸다.
④ 많은 사람들이 우산을 챙겼다.
⑤ 답 없음.

16 빈 칸에 알맞은 것을 고르시오.

> *Dominic* remembers
> ______________________________.
> Dominic은 오늘이 너의 생일이라는 것을 기억하고 있다.

① that it is your birthday today.
② that it was your birthday today.
③ that your birthday it is today.
④ that your birthday it was today.
⑤ your birthday that is today.

17 다음 밑줄 친 that 중에 생략할 수 <u>없는</u> 것을 고르시오.

① I believe <u>that</u> he will be successful.
② No one thought <u>that</u> he lied.
③ <u>That</u> the diamond was stolen is not sure.
④ It is lucky <u>that</u> you passed the exam.
⑤ She is sure <u>that</u> he was at the party.

18 다음 밑줄 친 명사절의 역할이 보기와 같은 것을 모두 고르시오.

> He guesses that Jane gets along with Mary.

① I know that you fought with him.
② The truth is that he loves her.
③ It is clear that she was absent.
④ I think that he is good-looking.
⑤ That Andy is intelligent is true.

19 다음 중 알맞은 단어를 골라 써 넣으시오.

> a. He could speak neither Korean ______ English. (or, nor).
> b. I like ____________ Friday or Saturday. (neither, either).

20 다음 빈칸에 공통으로 들어갈 명사절을 고르시오.

> ____________ is a misunderstanding.
> = It is a misunderstanding ____________.
> Mr. Bruce가 무섭다는 것은 오해이다.

misunderstanding 오해

① it Mr. Bruce is scary
② that Mr. Bruce is scary
③ those Mr. Bruce is scary
④ what Mr. Bruce is scary
⑤ who Mr. Bruce is scary

Chapter 7

부사절

UNIT 1

시간을 나타내는 부사절

부사절이란?

문장 안에서 부사역할을 하는 절을 말하며 접속사 when, after, before, while, until(till), since 등이 절을 이끈다. 접속사에 따라 시간, 이유, 결과, 조건, 양보 등을 나타내는 부사절로 구별된다.

절이란?

주절과 종속절 : 주절은 문장의 주인이 되는 절이고 종속절은 주절을 좀 더 구체적으로 설명하는 절이라고 생각하면 된다. 즉 문장 앞에 접속사가 없는 절이 주절, 접속사가 이끄는 절이 종속절이다.

ex. **When** I woke up, he had already left for America. 내가 깼을 때, 그는 이미 미국으로 떠났다.
(접속사) 종속절 주절

1 시간을 나타내는 접속사

- when : ~할 때

ex. **When** he was young, he was a teacher. 그가 젊었을 때, 그는 선생님이었다.

- after : ~한 후에

ex. **After** she graduated from college, she got a job. 그녀는 대학을 졸업한 후에, 일자리를 구했다.

- before : ~하기 전에

ex. **Before** you eat dinner, you should wash your hands. 너는 저녁 먹기 전에, 손을 씻어야만 한다.

- while : ~하는 동안

ex. **While** mom cleans the house, I do the dishes. 엄마가 청소하는 동안, 나는 설거지를 한다.

until / till : ~할 때 까지 (동작이나 상태가 계속되는 것을 표현한다.)

ex. You can't drive a car **until** you become 20 years old.
너는 20살이 될 때까지 너는 운전을 할 수 없다.

Tip! till은 until보다 casual한 표현이다.

since : ~이래로 / ~부터

ex. I **have lived** here **since** I was born. 나는 태어난 이래로 여기서 살아 왔다.

2 주의 사항

시간을 나타내는 부사절(since 제외)은 뜻이 미래를 나타낼지라도 미래시제 대신 현재 시제를 쓴다.

ex. **When** Anna **comes** home, I **will** go shopping with her.
When Anna ~~will come~~ home, I **will** go shopping with her.
Anna가 집에 올 때, 나는 그녀와 함께 쇼핑하러 갈 것이다.

Tip! 복잡하게 생각하지 말고, 우리말을 그대로 영어로 바꾼다고 생각하자. 미래의 일이지만 'Anna가 집에 올 때'가 자연스럽지 'Anna가 집에 올 것일 때'는 어색하다. 그러므로 미래의 일도 현재시제를 쓴다고 생각하면 된다.

since가 이끄는 시간을 나타내는 부사절은, 보통 부사절은 과거, 주절은 현재완료를 쓴다.

ex. Jack **has worked** (현재완료) for the bank **since** he **moved** (과거) to Seoul.
Jack은 서울로 이사 온 이래로 그 은행에서 근무해 왔다.

~~Jack worked for the bank since he moved to Seoul.~~

기초 TEST

다음 주어진 문장을 주절과 종속절을 /로 나누고 우리말로 옮겨 보자.

1 While mom was doing the dishes, / dad did the laundry.

엄마가 설거지를 하고 있던 동안에 아빠는 빨래를 하였다.

2 Before you come back, I will finish my work.

네가 나는 나의 일을 끝마칠 것이다.

3 She has had a car since she was 20.

그녀는 그녀는 차를 가지고 있다.

4 After Jimmy has meals, he cleans his teeth.

Jimmy는 , 그는 그의 이를 닦는다.

5 When I was 7, I went to school

내가 , 나는 학교에 갔다.

6 While the boy was listening to the music, he fell asleep.

그 소년이 , 그는 잠이 들었다.

7 He didn't finish his piece till he was 50.

그가 그는 그의 작품을 완성하지 못했다.

8 Don't wake me up until breakfast is prepared.

아침식사가 나를 깨우지 마라.

9 Before she sends the letter, she must buy a stamp.

그녀는 , 그녀는 우표를 사야만 한다.

10 When the exchange student arrives, we will welcome him.

그 교환 학생이 , 우리는 그를 환영할 것이다.

meal 식사 piece 작품 prepare 준비하다 exchange student 교환 학생

기초 TEST

정답 및 해설 p.18

다음 중 알맞은 것을 골라 보자.

1 He (open, opened) an umbrella before it started to rain.
비오기 시작하기 전에, 그는 우산을 펼쳤다.

2 She (lived, has lived) here since she got married.
그녀는 결혼하고부터, 그녀는 여기에서 살고 있다.

3 Until the moon (rises, will rise), I will wait here.
달이 뜰 때까지, 나는 여기서 기다릴 것이다.

4 I (was, have been) scared since it happened.
그 일이 생긴 후부터 나는 두려워하고 있다.

5 When she (will sing, sings), people will applaud.
그녀가 노래를 부를 때, 사람들은 박수를 칠 것이다.

6 Please call me, when you (come, will come) back home.
네가 집에 돌아갈 때, 전화를 해 줘.

7 My son usually (studies, studied) while I am sleeping.
내가 잠자는 동안 나의 아들은 보통 공부를 한다.

8 She (hasn't walked, hasn't walk) her dog since she was sick.
그녀가 아픈 이래로, 그녀는 그녀의 개를 산책시키지 않고 있다.

9 He (puts, put) some lotion on it after he washes his face.
그가 그의 얼굴을 씻은 후에, 그는 얼굴에 로션을 바른다.

10 When he (loved, will love) her, he gave her a lot of gifts.
그가 그녀를 사랑했을 때, 그는 그녀에게 많은 선물을 주었다.

rise 오르다 applaud 박수치다

기본 TEST

다음 주어진 단어를 이용하여 우리말에 알맞게 문장을 완성해 보자.

1 While I _check_ your report, you may rest. (check)
내가 너의 보고서를 점검하는 동안에, 너는 쉬어도 좋다.

2 She was listening to the MP3 when he ______ her. (see)
그가 그녀를 보았을 때, 그녀는 MP3를 듣는 중이었다.

3 When he ______ Seoul, I will see him off. (leave)
그가 서울을 떠날 때, 나는 그를 배웅할 것이다.

4 Since she was10 years old, she ______ a skateboard. (ride)
그녀는 10살이 된 이래로 그녀는 스케이드 보드를 타왔다.

5 Before she ______ back home, I will clean my room. (come)
그녀가 집에 돌아오기 전에, 나는 나의 방을 청소할 것이다.

6 He ______ novels since he was 15. (write)
그는 15살부터, 그는 소설을 써 오고 있다.

7 They ______ together until it was dark. (walk)
날이 어두워 질 때까지 그들은 함께 걸었다.

8 He eats some snack after he ______ his homework. (do)
그는 그의 숙제를 한 후에, 그는 약간의 스낵을 먹는다.

9 He ______ while he is sleeping. (twist and turn)
그가 잠을 자는 동안에 그는 뒤척인다.

10 He ______ to see it since he lost his dog. (want)
그가 그의 개를 잃어버린 이래로 그는 개를 보기를 원하고 있다.

see off 전송하다　ride a skateboard 스케이트보드를 타다　ride-rode-ridden　novel 소설
together 함께　twist and turn 뒤척이다

B 기본 TEST

정답 및 해설 p.18

주어진 접속사를 알맞은 곳에 써 넣어 보자. (필요없는 곳은 ×표 할 것)

1 I fell asleep. + Dad turned off the light in my room. (after)
= After I fell asleep, × dad turned off the light in my room.

2 She wanted to be a model.+ Jane was a little girl. (when)
= Jane was a little girl, she wanted to be a model.

3 The mail arrives. + We don't know his decision. (until)
= the mail arrives, we don't know his decision.

4 Write it on your notebook. + You forget his name. (before)
= write it on your notebook, you forget his name.

5 The war ended. + Our country has developed. (since)
= the war ended, our country has developed.

6 He bottle-feeds his baby. + Jane cooks dinner. (while)
= Jane cooks dinner, he bottle-feeds his baby.

7 Mary changed her clothes.+ She went out. (after)
= Mary changed her clothes, she went out.

8 The clock struck three. + The bell rang. (when)
= the clock struck three, the bell rang.

9 Jenny got pregnant. + She hasn't eaten anything. (since)
= Jenny hasn't eaten anything she got pregnant.

10 Bill got up in the morning, + He felt hungry. (when)
= Bill felt hungry, he got up in the morning.

decision 결정, 결심 mail 우편물 develop 발전하다 bottle-feed 분유를 먹이다
ring (rang-rung) 울리다 strike (struck-struck) 치다 get pregnant 임신하다

UNIT 2 이유, 결과를 나타내는 부사절

1 이유를 나타내는 접속사

because : ~때문에

ex. **Because** I had a headache, I went to the drug store.
나는 두통이 있었기 때문에, 약국으로 갔다.

· because와 because of

둘 다 '~때문에' 라는 원인을 나타내지만, because 뒤에는 절이 오고 because of 뒤에는 명사나 동명사가 온다.

because	+ 절
because of	+ 명사, 동명사

ex. **Because** I have a headache, I went to the drug store. 나는 두통이 있기 때문에 약국으로 갔다.
Because of a headache I went to the drug store. 나는 두통 때문에 약국으로 갔다.

as : ~이므로 / ~해서

ex. **As** Tom is too fat, he can't pass the door. Tom은 너무 뚱뚱해서 그 문을 통과할 수 없다.

2 결과를 나타내는 접속사

so : 그래서, 그 결과

ex. Jack caught a cold, **so** he went to see a doctor.
Jack은 감기에 걸렸다 그래서 그는 의사를 보러 갔다

because (또는 as)는 so로 바꾸어 쓸 수 있다. 이때, 접속사의 위치가 달라진다.

ex. **Because (As)** Jack caught a cold, he went to see a doctor.
= Jack caught a cold, **so** he went to see a doctor.

기초 TEST

정답 및 해설 p.18

다음 주어진 문장을 주절과 종속절 (또는 부사구)을 /로 나누고 우리말로 옮겨 보자. (주절과 종속절이 없는 문장도 있다)

1 I fell asleep soon / because I was too tired.

나는 너무 피곤했기 때문에 , 나는 곧 잠들었다.

2 As she met him again, she was glad.

그녀는 , 그녀는 기뻤다.

3 Rachel is sick, so she cannot go to the airport.

Rachel은 아프다, 그녀는 .

4 I missed the train because of a traffic jam.

나는 기차를 놓쳤다.

5 As Annie was tired, she didn't do her homework.

Annie는 , 그녀는 숙제를 하지 못했다.

6 The class is too boring so I can't concentrate on the lecture.

그 수업이 너무 지루하다, 나는 .

7 Because he liked cooking, he hoped to be a cook.

그는 , 그는 요리사가 되기를 희망했다.

8 Kate stayed home all day because of flu.

Kate는 하루 종일 집에 머물렀다.

9 As Mr. Brown is generous and polite, he is respected by his neighbors.

Brown씨는 , 그는 그의 이웃에게 존경받는다.

10 I can't hear his voice because of the loud music.

나는 그의 목소리를 들을 수 없다.

traffic jam 교통 체증 concentrate on ~에 집중하다 lecture 강의 flu 독감 generous 너그러운, 인자한
polite 예의바른 neighbor 이웃(사람) respect 존경하다 loud 시끄러운, (소리가)큰

기본 TEST

다음 중 알맞은 것을 골라 보자. (두 개 가능)

1 I like summer (because, because of) I enjoy surfing.

2 She was very rich (so, as) she paid for a new super car.

3 (Because, So, As) you are diligent, you will succeed.

4 He is a miser, (because, so, as) he will never spend his money.

5 We couldn't go out (because, because of) bad weather.

6 The mouse was very fast, (so, as) no one could see it.

7 (Because, So, As) Tommy didn't call her back, she feels blue.

8 (So, As) the soldiers are brave, they can win the war.

9 She is wearing sun-block lotion (because, so, as) the sunlight is strong.

10 (Because, Because of) his help, they sold a lot.

11 We have to put on masks (because, because of, as) yellow dust.

12 The bear may attack you (because, because of, as) it is wild.

13 (So, As) the child is small, he can't ride the roller-coaster.

14 They are very different, (because, so, as) they don't understand each other.

15 (Because, Because of) the exam, he couldn't attend the party.

miser 구두쇠 blue 우울한 sun-block lotion 자외선 차단 로션 yellow dust 황사 attack 공격하다
roller-coaster 롤러코스터 different 다른 each other 서로 attend 참석하다

기본 TEST

정답 및 해설 p.18, 19

우리말에 알맞게 문장을 완성해 보자. (두 개 가능)

1 He studied hard, so he was not nervous for the test.
그는 열심히 공부했다, 그래서 그는 시험에서 긴장하지 않았다.

2 We can't play PC games ________ you broke the computer.
네가 컴퓨터를 고장내서, 우리는 PC게임을 할 수 없다.

3 Bill is absent from school ________ his illness.
Bill은 그의 병 때문에 학교에 결석했다.

4 We went in, ________ the store was not crowded.
상점이 붐비지 않았으므로, 우리는 안으로 들어갔다.

5 ________ he is honest, he is loved by all.
그는 정직하기 때문에, 그는 모두에게 사랑받는다.

6 She is very busy, ________ we can't see her.
그녀는 매우 바쁘다, 그래서 우리는 그녀를 볼 수 없다.

7 He has many friends ________ his outgoing character.
그의 외향적 성격 때문에 그는 많은 친구들을 가지고 있다.

8 ________ the work is so easy, anyone can do it.
그 일은 아주 쉽기 때문에, 누구나 그것을 할 수 있다.

9 I don't want to read this book, ________ it is very thick.
이 책은 매우 두껍기 때문에 나는 그것을 읽고 싶지 않다.

10 The grasshopper goes hungry in the winter ________ his laziness.
메뚜기는 그의 게으름 때문에, 겨울에 굶주린다.

nervous 신경이 예민한 be absent from 결석하다 illness 병 crowded 붐비는 outgoing 외향적인
grasshopper 메뚜기 laziness 게으름

UNIT 3

조건, 양보를 나타내는 부사절

1 조건을 나타내는 접속사

if : (만일) ~ 이라면 / ~ 한다면

ex. **If** you work hard, you will succeed. (만일) 네가 열심히 일한다면, 너는 성공할 것이다.

조건을 나타내는 부사절도 문맥상 미래를 나타낼지라도 미래시제 대신 현재시제를 쓴다.

ex. **If** it **is** hot tomorrow, I'**ll** go to the beach. 만일 내일 덥다면, 나는 해변으로 갈 것이다.
~~If it will be hot tomorrow, I'll go to the beach.~~

unless : (만일) ~ 하지 않으면 / ~하지 않는 한

ex. **Unless** you hurry, you will be late. 만일 서두르지 않는다면, 너는 늦을 것이다.

Tip! unless는 '만일 ~하지 않으면'의 자체 부정의 뜻을 가지고 있다는 것에 주의하여야 한다.

2 양보를 나타내는 접속사

though : (비록) ~ 이지만 / (비록) ~ 일지라도

ex. **Though** Mr. Bush is old, he enjoys drinking coffee.
(비록) Mr. Bush는 나이가 많으시지만, 커피마시기를 즐기신다.

A 기초 TEST

정답 및 해설 p.19

다음 주어진 문장을 주절과 종속절을 /로 나누고 우리말로 옮겨 보자.

1 If she works hard, / she will succeed.

(만일) 그녀가 열심히 일한다면 , 그녀는 성공할 것이다.

2 If you do not wear your glasses, you will not recognize her.

, 너는 그녀를 알아보지 못할 것이다.

3 You'll miss the train unless you run quickly.

, 너는 기차를 놓칠 것이다.

4 Though he is sick, he will go to school anyway.

, 그는 어쨌든 학교에 갈 것이다.

5 If she doesn't start now, she cannot get on the ship.

, 그녀는 배를 탈 수 없다.

6 Unless the man asks for directions, he will be lost.

, 그는 길을 잃을 것이다. .

7 Though I see Bill again, I will not be glad.

, 나는 반갑지 않을 것이다.

8 If it snows tomorrow, I will stay at home.

, 나는 집에 머무를 것이다.

9 Unless you do your homework, you can't play the game.

, 너는 게임을 할 수 없다.

10 Though the jockey is small, he can control the horse well.

, 그는 그 말을 잘 다룰 수 있다.

recognize 알아보다 direction 방향 ask for directions 길을 물어보다 jockey 기수

기초 TEST

다음 중 알맞은 것을 골라 보자.

1 (If, Though) you practice hard, you will win the contest.

2 (Though, if) this shirt is pretty, it does not fit you.

3 (If, Though) it snows, I'll start tomorrow morning.

4 (If, Though) I see him again, I will take a photo of him.

5 They don't help the poor (if, though) they are rich.

6 (Unless, If) you have a passport, you can't board a plane.

7 This room will be too cold (unless, if) she turns on the heater.

8 (If, Unless) I remember correctly, this is not my brother's.

9 (If, Though) it rains tomorrow, the baseball game will be canceled.

10 (Unless, If) you are carful, you'll make a mistake.

11 (If, Though) she is sad, she keeps smiling.

12 (Unless, Though) dad is old, he is still strong.

13 You'll be late (unless, if) you take a taxi.

14 (Unless, If) you are careful, you may not lose it.

15 I got wet, (if, though) I put up an umbrella.

practice 연습하다 fit (꼭) 맞다 passport 여권 board 탑승하다 correctly 올바르게, 정확히
cancel 취소하다 get wet 젖다 put up an umbrella 우산을 쓰다

C 기초 TEST

정답 및 해설 p.19

다음 중 알맞은 것을 골라 보자.

1 If it (is, will be) hot tomorrow, I'll go to the beach.
만일 내일 날씨가 덥다면, 나는 해변으로 갈 것이다.

2 If I (had, have) enough time, I can answer everything.
만일 내가 시간이 충분하다면, 나는 모든 것에 답을 할 수 있다.

3 Though I (win, won) the game, I don't feel good.
비록 내가 게임에서 이겼지만 나는 기분이 좋지 않다.

4 Unless you (don't want, want) to, we won't do the work.
네가 원치않는한, 우리는 그 일을 하지 않은 것이다.

5 If it (stops, will stop) snowing, we will go to the department store.
만일 눈이 그친다면, 우리는 백화점에 갈 것이다.

6 She went to work, though she (was, will be) exhausted.
비록 그녀는 많이 지쳤을지라도, 일을 하러 갔다.

7 Unless Luke (believed, believes) me, I don't want to talk to him.
Luke가 나를 믿지 않는한, 나는 그에게 말하고 싶지 않다.

8 If John (buys, will buy) it, he will regret his decision.
만일 John이 그것을 산다면, 그는 그의 결정을 후회할 것이다.

9 If she (left, leaves) now, she won't be late.
만일 그녀가 지금 떠난다면, 그녀는 늦지 않을 것이다.

10 Unless you (study, don't study) hard, the test will be difficult for you.
네가 열심히 공부하지 않는한, 그 시험은 너에게 어려울 것이다.

win 이기다　department store 백화점　regret 후회하다

기본 TEST

if, unless, though 중에서 알맞은 접속사를 써 넣어 보자.

1 If the soup is too salty, you may add more water.

2 ______ John studied hard, he failed the test.

3 ______ she has a fever, she will not take medicine.

4 ______ he wins the game, his coach will be disappointed.

5 You should study hard, ______ you want to be a doctor.

6 ______ the line is short, we will wait.

7 ______ the parking attendant permits, we can't park here.

8 ______ he survives, he will be very lucky.

9 We can't go in ______ we have tickets.

10 ______ she is a good skier, the slope is intimidating for her.

salty 짠 맛이 나는 add 더하다 fever 열 take medicine 약을 먹다 disappoint 실망시키다
survive 살아남다 parking attendant 주차요원 permit 허용하다 slope 경사 intimidating 위협적인

기본 TEST

정답 및 해설 p.19

다음 주어진 단어를 이용하여 우리말에 알맞게 문장을 완성해 보자.

1 If it *rains* tomorrow, we will stay at home. (rain)
만일 내일 비가 온다면, 우리는 집에서 머물 것이다.

2 If you ______ my help, you can ask me anything. (need)
만일 네가 나의 도움이 필요하다면, 너는 나에게 무엇이든 물어볼 수 있다.

3 Though it ______ good, it tastes bad. (look)
비록 그것이 보기에는 좋을지라도, 맛은 나쁘다.

4 Unless you ______ the book, you can't understand them. (read)
만일 네가 그 책을 읽지 않는다면 너는 그들을 이해할 수 없다.

5 Cindy helped other people though she ______ poor. (be)
비록 Cindy는 가난했을지라도, 다른 사람들을 도왔다.

6 If she ______ a problem, she must tell her mother. (have)
만일 그녀가 문제를 가지고 있다면, 그녀는 그녀의 엄마에게 말해야한다.

7 Unless he ______ a mask, he will get a cold. (wear)
만일 그가 마스크를 쓰지 않는다면, 그는 감기에 걸릴 것이다.

8 Though he is kind, most women ______ him. (like)
비록 그는 친절하지만, 대부분 여자들이 그를 좋아하지 않는다.

9 If you ______ the quiz, I will give you a present. (solve)
만일 네가 퀴즈를 푼다면, 나는 너에게 선물을 줄 것이다.

10 If Kathy ______ too much, she will get fat. (eat)
만일 Kathy가 너무 많이 먹는다면, 그녀는 살찔 것이다.

taste 맛이 나다, 맛보다 have a cold 감기에 걸리다 solve 문제를 풀다 get fat 살찌다

실력 TEST

정답 및 해설 p.19

접속사 if, unless, though 중에 하나를 이용하여 두 문장을 한 문장으로 만들어 보자.

1 You may not call again. + You are busy.

= *If* you are busy, × you may not call again.

2 He is wiser than I. + Tom is young.

= ______ Tom is young, ______ he is wiser than I.

3 Amy comes here. + I will not go anywhere.

= ______ Amy comes here, ______ I will not go anywhere.

4 We must drive a long way. + It is snowing.

= ______ we must drive a long way, ______ it is snowing.

5 Our team lost. + It was such a nice game.

= ______ our team lost, ______ it was such a nice game.

6 She will have to walk home. + She finds her purse.

= ______ she will have to walk home, ______ she finds her purse.

7 Ann won't get an A. + She sacrifices sleep.

= ______ Ann sacrifices sleep, ______ she won't get an A.

8 I'll marry her. + Her parents object to it.

= ______ her parents object to it, ______ I'll marry her.

9 He has to fill out a form. + Tom wants to transfer.

= ______ Tom has to fill out a form, ______ he wants to transfer.

10 You can't get some medicine for pain. + You have a doctor's prescription.

= ______ you have a doctor's prescription, ______ you can't get some medicine for pain.

anywhere 어디에도 sacrifice 희생하다 object 반대하다 transfer 이동하다
fill out a form 양식을 채우다 medicine for pain 진통제 pain 통증 prescription 처방

내신 1 대비

정답 및 해설 p.19, 20

[01–03] 빈칸에 알맞은 것을 고르시오.

01

> 친구를 만나기 전에, 나는 은행에 가야만 한다.
> ________________ , I have to go to the bank.

① When I meet a friend
② Before I meet a friend
③ While I meet a friend
④ Until I meet a friend
⑤ Since I meet a friend

02

> 우리가 무언가를 알기를 원할 때, 사전은 유용하다.
> ________________ , a dictionary is helpful.

① When we want to know something
② After we want to know something
③ Since we want to know something
④ Till we want to know something
⑤ Before we want to know something

03

> Kate는 점심을 굶었기 때문에, 그녀는 배가 고팠다
> ________________ , she was hungry.

① Until Kate skipped lunch
② So Kate skipped lunch
③ Though Kate skipped lunch
④ Because Kate skipped lunch
⑤ If Kate skips lunch

04 다음 빈칸에 들어갈 알맞은 말을 고르시오.

> I want to eat steak ____________ I like meat a lot.

① before
② that
③ unless
④ as
⑤ but

05 다음에서 밑줄 친 곳을 바르게 고쳐 보시오.

> Unless we <u>don't make</u> a reservation, we won't stay at the hotel.

____________ → ____________

make a reservation 예약하다

내신 1 대비

[06-07] 다음 중 어색한 문장을 고르시오.

06
① She drinks juice after she runs hard.
② Tell me anything when you need my advice.
③ We can see the rainbow after it rains.
④ Sally was very happy because of she got a present.
⑤ When Sue wants coffee, she goes to the cafe.

07
① Mary wants to go to Italy though she is free.
② Tom was very hungry, so he ate two hamburgers at once.
③ After Sora ate dinner, she cleaned her room.
④ I can't go home until I hand in my assignment.
⑤ It has been seven years since I left hometown.

08 다음 중 알맞은 단어를 ( ) 에서 고르시오.

(1) Mike can't go to the post office, __________ he is so busy. (because, because of)
(2) Mike has to be at home, __________ the bad weather. (because, because of)

09 주어진 문장 대신 바꾸어 쓸 수 있는 문장을 고르시오.

> Don't get into bed unless you finish homework.

① Don't get into bed if you finish homework.
② Don't get into bed if you don't finish homework.
③ Don't get into bed if you are finish homework.
④ Don't get into bed though you finish homework.
⑤ Don't get into bed though you don't finish homework.

get into bed 잠자리에 들다

10 다음 빈칸에 until이 가장 어울리는 문장을 고르시오.

① We ate food ______ we were hungry.
② The door won't open ______ it is broken.
③ ______ she didn't like the boy, she had to teach him.
④ ______ Ted is young, he is brilliant.
⑤ Jenny didn't read a book ______ she was four.

broken 고장난 brilliant 훌륭한, 뛰어난

11 다음 빈칸에 If가 들어가기 어색한 문장을 고르시오.

① ___ we are quiet, our teacher will like us.
② ___ they study hard, they will improve their English.
③ ___ Sara is late for the meeting, it will be the problem.
④ ___ Annie was happy, Tom met her.
⑤ ___ it is rainy, we won't go outside.

12 다음 밑줄 친 내용 중 문법적으로 옳지 않은 것을 고르시오.

> ① If you ② will eat ③ chocolates too much, ④ you'll ⑤ gain weight.

13 주어진 문장에 이어질 말로 가장 어울리는 것을 고르시오.

> She doesn't brag about it, ___________.

① because she is beautiful.
② since she met friends.
③ though she sings well.
④ before she is smart.
⑤ so she can play.

brag 뽐내다

14 다음 빈칸에 들어갈 알맞은 단어를 고르시오.

> John _________ in Seoul since he got married.

① had lived
② has lived
③ lives
④ lived
⑤ have lived

15 우리말 뜻에 맞도록 다음 문장을 영작하시오.

> Bill이 공부하고 있는 동안, 우리는 조용히 있어야만 한다.
> We must be silent __________
> ____________________.

16 다음 문장을 주어진 단어를 사용하여 같은 의미가 되도록 영작하시오.

> If you don't read a book, you won't finish your book report.
> (Unless)
> → ____________________,
> you won't finish your book report.

[17-18] 다음 대화를 읽고 물음에 답하시오.

> *A* : Hello, This is Marry, Can I speak to Mina?
> *B* : I'll put her on the phone,
> ⓐ ______________________.
> I am sorry. she is not here now.
> *A* : ⓑ ________ she comes back, call me, please.
> *B* : Okay, I'll call you later.

17 주어진 단어를 사용하여 한글 뜻에 맞게 영작하시오.

> ⓐ 만일 그녀가 가능하다면
> (available, she, if, is)

→ ______________________

18 다음 문장의 밑줄 친 ⓑ에 들어갈 알맞은 접속사를 고르시오.

① So
② Because
③ Until
④ Though
⑤ When

[19-20] 다음 글을 읽고 물음에 답하시오.

> I have lived near the public garden ⓐ ________ I was born. There were a lot of flowers. ⓑ ________ I was 7 years old, I wanted to become a florist. At that time, I thought flowers are the most beautiful thing in the world. So, my dolls were named after flowers. One doll was 'Rose', another was 'Lily' and so on. ⓒ ________________, my dream is changed into 'being a teacher'.

near ~근처에서 florist 꽃 재배자, 꽃장수
name after ~의 이름을 따서 이름을 짓다

19 위 글에서 ⓐ,ⓑ에 들어갈 말로 바르게 짝지어진 것을 고르시오.

① since- Till
② since- When
③ before- As
④ before- When
⑤ until- Since

20 다음 주어진 우리말에 알맞게 영작하시오.

> ⓒ 내가 중학생이 된 후에 (become)

→ ______________________
____

내신 2 대비

정답 및 해설 p.20

[01–03] 빈칸에 알맞은 것을 고르시오.

01

> ________________ I finish my homework, I can’t play games.
> 나는 숙제를 끝내기 전에, 게임을 할 수 없다.

① When
② Before
③ While
④ As
⑤ Since

02

> ________________ I play the piano, mom sings songs.
> 내가 피아노를 연주하는 동안, 엄마는 노래를 부르신다.

① While
② After
③ Since
④ Till
⑤ Before

03

> 우리는 어른이 될 때까지 술을 마셔서는 안된다.
> We can't drink alcohol _________ we become adults.

alcohol 술 adult 어른

① since
② when
③ after
④ until
⑤ during

04 다음 문장을 바르게 영작한 것을 고르시오.

> 아빠가 집에 오시면, 나는 아빠에게 여쭤볼 것이다.

① When dad will come home, I will ask him.
② When dad comes home, I will ask him.
③ When dad will come home, I ask him.
④ While dad will come home, I will ask him.
⑤ While dad comes home, I will ask him.

[05–06] 빈칸에 알맞은 것을 고르시오.

05

> *Alex* (studied / has studied) Chinese since he graduated from high school.

graduate 졸업하다

06

> (Because / Because of) a severe pain, she called 119.

severe 극심한 pain 통증

07 다음 문장의 밑줄 친 부분을 우리말로 옮겨 보시오.

> <u>As James is too young</u>, he can't watch this movie alone.

→ James는 ____________________
그는 이 영화를 혼자 볼 수 없다.

08 다음 빈 칸에 들어갈 말로 알맞게 짝 지어진 것을 고르면?

> If it ________ tomorrow,
> I ________ to the park.
> 만약 내일 비가 오지 않으면, 나는 공원에 갈 것이다.

① won't rain – will go
② won't rain – go
③ doesn't rain – will go
④ don't rain – go
⑤ don't rain – will go

09 다음 빈칸에 들어갈 말로 옳은 것을 고르시오.

> ________ you wake up now, you will miss the school bus.
> 지금 일어나지 않는다면, 너는 학교 버스를 놓칠 것이다.

① because
② because of
③ so
④ if
⑤ unless

10 다음 빈칸에 though가 들어가기 가장 적절한 문장을 고르시오.

① ______ he is getting fat, he exercises hard.
② ______ of the heavy rain, he didn't drive a car.
③ ______ you lied to me, I still love you.
④ ______ you come, the class will not begin.
⑤ ______ you clean the house, I will wash the dog.

11 다음 문장과 같은 의미를 갖는 문장을 고르시오.

> Don't call me unless you need me.

① Don't call me if you need me.
② Don't call me if you don't need me.
③ Don't call me if you do need me.
④ Don't call me though you don't need me.
⑤ Don't call me though you need me.

[12–13] 다음 대화를 읽고 물음에 답하시오.

> *A* : Hey, where are you going?
> *B* : I'm going to the library.
> *A* : I heard that you are studying for the exam.
> *B* : That's right.
> *A* : Good luck. You will do a great job.
> *B* : Thank you, Alex. If I pass the test, I ⓐ ________ (buy) you a big dinner.
> *A* :Great. ⓑ ________ then, take care of yourself.(그때 까지, 몸 조심해.)
> *B* : You, too.

12 주어진 단어를 활용하여 ⓐ의 빈칸을 채워보시오.

ⓐ ____________________

13 ⓑ에 들어갈 수 있는 적절한 접속사를 적어보시오.

ⓑ ____________________

[14–15] 다음 글을 읽고 물음에 답하시오.

> After graduating from high school, I didn't know what to do. Then, I realized that my dream was to be a cook.
> I ⓐ ________ (study) French cuisine since I left Korea. ⓑ ________ I learn everything, I am not going to go back to Korea. ⓒ ________ I work hard, I will succeed.

brag cuisine 요리

14 괄호 안의 주어진 단어를 활용해서 문맥에 맞게 ⓐ를 채워보시오.

ⓐ ____________________

15 ⓑ와 ⓒ에 들어갈 접속사가 알맞게 짝지어진 것을 고르시오.

① until - but
② until - though
③ till - if
④ because - so
⑤ as - as

16 다음 밑줄 친 내용 중 어법상 옳지 않은 것을 고르시오.

> ① If you ② will not stop ③ eating fast-food, ④ you will ⑤ get fatter.

17 괄호 안의 단어가 들어갈 알맞은 위치를 고르시오.

> (Until) ① You ② can't go home ③ the meeting ④ is finished ⑤.

[18] 다음 글을 읽고 물음에 답하시오.

> I practice dancing every Monday afternoon. But ⓐ Because of I had a bad cold, I didn't go to my dancing class today.
> Unless I ⓑ don't get better, I can't join the class.

18 ⓐ,ⓑ를 바르게 고쳐 보시오.

Because of → ________

don't get → ________

[19–20] 다음 글을 읽고 물음에 답하시오.

> *Bob* : Hi, Anna. You look tired
> *Anna* : Yes, I am. I have been too busy to sleep.
> *Bob* : You really need to care about your health. ⓐ ________ you don't care, you will not be able to stay healthy.
> *Anna* : You're right. My grandfather, ⓑ ________ he is 90 years old, he is very healthy.
> *Bob* : That's what I am saying.
> *Anna* : ⓒ When the project ________ (end), I ________ (take) some sleep and exercise.

19 위 글에서 ⓐ, ⓑ에 들어갈 말로 바르게 짝지어진 것을 고르시오.

① unless - though
② If - though
③ as - as
④ still - If
⑤ though - unless

20 밑줄 친 ⓒ의 빈칸을 다음 주어진 우리말에 알맞게 채우시오.

> 프로젝트가 끝나면, 나는 잠을 좀 자고 운동을 할 것이다. (end, get)

ⓒ When the project ________ ,
I ________ some sleep and exercise.

종합문제

종/합/문/제 1

[01–03] 다음 빈칸에 알맞은 말을 고르시오.

01

Sally is _____ nice and pretty girl.

① of
② an
③ to
④ all
⑤ a

02

Anna is wearing blue pants. Her sister wants to buy _______ .

① one
② it
③ on
④ ones
⑤ one's

03

I want to drink __________ now.

① hot something
② something hot
③ hot anything
④ hottest
⑤ hots

[04–05] 두 문장의 뜻이 같도록 빈칸에 알맞은 말을 쓰시오.

04

There is no car on the street.
= There is _______ _______ car on the street.

05

Jack wants to go home as quickly as possible.
= Jack wants to go home as quickly as _________ _________ .

06 다음 중 That이 생략될 수 <u>없는</u> 문장을 고르시오.

① Mary thought <u>that</u> Susan was angry.
② I realized <u>that</u> he was a good teacher.
③ Sunny knows <u>that</u> the woman is Tom's mother.
④ <u>That</u> Nick likes her is not true.
⑤ She understands <u>that</u> Sam will come back soon.

07 밑줄 친 부분 대신에 쓸 수 있는 것을 모두 고르시오.

> The new ways are <u>much</u> more effective.

① even
② too
③ still
④ more
⑤ far

08 다음 빈칸에 공통으로 들어갈 알맞은 말을 고르시오.

> ______ earth is ______ most beautiful planet.
> 지구는 가장 아름다운 행성입니다.

① A
② The
③ This
④ An
⑤ To

planet 행성

09 다음 우리말과 일치하는 영어문장을 고르시오.

> Cindy는 귀여울 뿐만 아니라 친절하다.

① Cindy is not pretty but kind.
② Cindy is neither pretty nor kind.
③ Cindy is either pretty or kind.
④ Cindy is not only pretty but also kind.
⑤ Cindy is both pretty but kind.

10 빈칸에 알맞은 말을 고르시오.

I wanted to meet a great coach.
She was ________ coach.
나는 훌륭한 코치를 만나고 싶었다.
그녀는 바로 그 코치였다.

① the only
② the very
③ the same
④ the last
⑤ the one

11 다음 우리말과 영어 문장이 같은 뜻이 되도록 빈칸에 알맞은 말을 고르시오.

Sara는 한국어를 그녀 혼자 힘으로 도서관에서 공부했다.
Sara studied Korean ___________ in the library.

① by herself
② of herself
③ in herself
④ say to herself
⑤ make herself

12 빈칸에 순서대로 알맞은 것을 고르시오.

• Each ________ its own color.
• Each of them ________ an excellent engineer.

① have-is
② has-is
③ have-are
④ has-are
⑤ had-are

13 다음 빈칸에 들어갈 알맞은 말을 고르시오.

These candies are so sweet.
____________________ . (좀 먹을래?)

① Will you have some?
② Will you have any?
③ Will you have one?
④ Will not you have some?
⑤ Will not you have any?

14 다음 ( ) 안의 단어를 알맞게 배열하시오.

> Kate will never ______________ .
> (give, up, it)
> Kate는 결코 그것을 포기하지 않을 것이다.

15 다음의 한국말을 영어로 바르게 옮긴 것을 고르시오.

> *A* : How much is it?
> *B* : ______________________
> (400달러 20센트입니다.)

① Four hundred dollar and twenty cent.
② Four hundred dollars and twenty cents.
③ Four hundred dollars and twenty cent.
④ Four hundreds dollar and twenty cents.
⑤ Four hundreds dollars and twenty cents.

16 다음 빈칸에 알맞은 전치사를 고르시오.

> Harry and Sally walked ________ the coast for an hour.
> Harry와 Sally는 해안을 따라 1시간 동안 걸었다.

① across
② into
③ through
④ up
⑤ along

coast 해안

17 다음 주어진 문장과 같은 의미의 문장을 고르시오.

> Unless the train is late, we will be there in time.

① If the train is late, we will be there in time.
② If the train was late, we would be there in time.
③ If the train was not late, we will be there in time.
④ If the train is not late, we will be there in time.
⑤ If the train is not late, we won't be there in time.

[18–20] 빈칸에 알맞은 말을 쓰시오.

18

Joe는 학교에서 친구가 거의 없다.

Joe has _________ friends in the school.

19

Sam은 다섯 중에서 가장 똑똑하다.

Tom is __________ __________ __________ the five.

20

나는 어제 밤에 3시간 동안 그 책을 보았다.

I read the book _________ _________ _________ last night.

21 다음 중 어법상 바르지 않은 것을 고르시오.

① Both Joe and I ② am poor ③ at science, ④ so we have to study hard ⑤ for the test.

[22–23] 다음 대화를 읽고 물음에 답하시오.

A : Seoul Art Museum is ⓐ 서울에서 가장 유명한.

B : Yeah right, it is famous ⓑ _____ modern art.

A : Look at the painting! That's cool.

B : Well, I can't understand most modern art.

A : I am interested ⓒ _____ modern art, so I am happy to be here.

modern art 현대미술

22 주어진 한글 문장에 맞게 영작하시오.

서울에서 가장 유명한

→ ______________________________

23 밑줄 친 ⓑ와 ⓒ에 들어갈 말로 알맞게 짝지어진 것을 고르시오.

① at - for
② at - to
③ for - to
④ for - in
⑤ to - in

[24–25] 다음 글을 읽고 물음에 답하시오.

Many children like watching TV.
Sometimes, TV makes children ⓐ ____ .
However, there are some problems about watching TV too much.
First of all, children don't excercise and eat more snack. According to the study, ⓑ 어린이들이 TV를 많이 볼수록, 그들은 더 살이 찐다. Also they can't talk to their parents while they are watching TV.

however 하지만 first of all 우선,
according to~ ~에 의하면 study 연구/공부하다

24 밑줄 친 ⓐ에 들어갈 알맞은 형용사를 고르시오.

① happiestly
② happily
③ happied
④ happy
⑤ to happy

25 밑줄 친 ⓑ를 우리말에 맞게 배열하시오.

ⓑ 어린이들이 TV를 많이 볼수록, 그들은 더 살이 찐다.
→ ______________________ ,
____
(children, they, TV, watch, the more, get, the fatter)

종/합/문/제 2

[01–03] 빈칸에 알맞은 말을 고르시오.

01

Sue는 주말마다 플루트를 연주한다.

Sue ____________ on weekends.

① plays an flute
② plays a flute
③ plays the flute
④ played a flute
⑤ play flute

02

모든 물이 테이블에 쏟아졌다.

All of the water ________ on the table.

① are spilt
② were spilt
③ are spilted
④ was spilt
⑤ have spilt

spill (spilt–spilt) 쏟다, 엎지르다

03

그 이야기는 우리를 슬프게 만든다.

The story makes us ________ .

① sadly
② sadder
③ sad
④ to sad
⑤ sadness

04 다음 빈칸에 들어갈 수 없는 말을 고르시오.

Luna has ________ information on Singapore.

① a lot of
② lots of
③ plenty of
④ a great deal of
⑤ many

05 다음 대화의 빈칸에 알맞은 말을 고르시오.

> Both ⓐ ____ strong. 둘다 강하다.
> Both of the girls ⓑ ____ diligent.
> 그 소녀들 둘 다 부지런하다.

	ⓐ	ⓑ
①	is	is
②	is	are
③	are	is
④	are	are
⑤	were	were

06 다음 빈칸에 공통으로 들어갈 말을 고르시오.

> ___ Sun is red and ___ sky is blue.
> 태양은 빨간색이고 하늘은 파란색이다.

① A
② An
③ On
④ The
⑤ To

07 다음 중 틀린 문장을 고르시오.

① Breakfast is important for your health.
② We play baseball in the park.
③ She can speak English well.
④ The students go to school by a bus.
⑤ Tom is a tall boy.

08 다음 중 원급-비교급-최상급 표현이 잘못 짝지어진 것을 고르시오.

① much - more - most
② nice - nicer - nicest
③ useful - more useful - most useful
④ well - better - bestest
⑤ happy - happier - happiest

종/합/문/제 2

[09–10] 다음 밑줄 친 말 대신 쓸 수 있는 것을 고르시오.

09

A rabbit is a mild animal.
토끼란 온순한 동물이다.

① The rabbit
② Rabbits
③ An rabbit
④ For rabbit
⑤ To rabbit

10

They could eat a little food yesterday.
그들은 어제 약간의 음식을 먹을 수 있었다.

① a few
② little
③ few
④ any
⑤ some

11 다음 (　) 안의 단어를 알맞게 배열하시오.

너희는 그것들을 바닥에 버리면 안 된다.
You must not ________ ________ ________ on the floor.
(them, away, throw)

12 다음 우리말을 영작한 것으로 옳은 것을 고르시오.

너도 나도 그 모임에 갈 필요가 없다.

① Neither you nor I need to go to the meeting.
② Neither you nor I don't need to go to the meeting.
③ Either you or I need to go to the meeting.
④ Both you and I need to go to the meeting.
⑤ Not you but I need to go to the meeting.

13 빈칸에 들어갈 적절한 말을 고르시오.

> Tommy는 기쁜 나머지 이성을 잃었다.
> → Tommy was ________ with joy.

① for himself
② beside himself
③ enjoy himself
④ of himself
⑤ say to himself

14 다음 밑줄 친 부분의 쓰임이 다른 하나를 고르시오.

① Jenny is still smarter than her sister.
② Mike is far taller than I.
③ Roy was a lot younger than James.
④ The house is so far from the church.
⑤ She looks even happier than you.

15 다음 중 어법에 맞지 않은 것을 고르시오.

> ① Not only you ② but also I ③ are diligent. But ④ both he and she ⑤ are lazy.

16 두 문장의 뜻이 같도록 빈칸에 알맞은 말을 쓰시오.

> Mark is not as young as Julie.
> = Julie is ________________ Mark.

17 다음 빈칸에 들어갈 말이 바르게 짝지어진 것을 고르시오.

> There are a lot of cookies in the shop.
> ________ are chocolates cookies, and ________ are almond cookies.

① One, the other
② One, the others
③ Some, another
④ Some, others
⑤ Some, the other

[18-20] 빈칸에 들어갈 알맞은 전치사를 |보기|에서 골라 쓰시오.

|보기|
during, in front of, into

18

There is the City Hall __________ the museum.

City Hall 시청

19

A lot of soldiers died __________ the war.

soldier 군인

20

My mom came ____________ my room without knocking.

21 빈칸에 들어갈 숙어를 고르시오.

Seoul ___________ New york in many ways.
서울과 뉴욕은 여러 가지 면에서 다르다.

① is full of
② is poor at
③ is different from
④ is absent from
⑤ looks like

[22-23] 다음 대화를 읽고 물음에 답하시오.

A : Joseph, you look very excited today.
B : I won a prize for the contest yesterday.
A : Wow! Congratulations! That's a good news.
B : ⓐ 나도 내 자신이 자랑스러워.
A : ⓑ _____ the class is over, tell me more about your story.
B : Okay. I will wait at the main gate ⓒ _____ you come.

over 끝난, main gate 정문

22 밑줄 친 ⓐ를 우리말 뜻에 맞게 빈칸을 채우시오.

ⓐ 나도 내 자신이 자랑스러워.
→ I am proud of ____________ .

23 밑줄 친 ⓑ와 ⓒ에 들어갈 말로 바르게 짝지어진 것을 고르시오.

① After - for
② After - while
③ After - till
④ Before - after
⑤ When - for

[24-25] 다음 글을 읽고 물음에 답하시오.

My family went to the beach ⓐ ______ the summer vacation. Both I and my sister played beach volleyball. Because of hot weather, there were plenty of people. ⓑ If my dad didn't make a reservation, we couldn't stay at the hotel. We ate special sea food and enjoyed the holidays. I have a lot of good memories there.

make a reservation 예약하다

24 밑줄 친 ⓐ에 들어갈 알맞은 전치사를 고르시오.

① to
② during
③ of
④ with
⑤ after

25 ⓑ를 Unless 로 시작하는 부사절로 바꾸어 쓰시오.

→ Unless ____________________
____________________________.

MEMO

MEMO

MEMO

Grammar Joy
중등 영문법

1b

정답과 해설

Chapter 1

명사와 관사

Unit 1

기초 TEST p.13

A 1 보통명사 2 물질명사 3 고유명사 ▶국가 이름 4 추상명사 5 집합명사 ▶위원회, committee+단수 동사=위원회 하나를 의미하는 반면 committee+복수 동사=위원회 소속 전체 위원들을 의미합니다. 6 추상명사 7 보통명사 8 물질명사 ▶공기 9 보통명사 10 고유명사 ▶도시 이름 11 고유명사 12 보통명사 13 집합명사 14 추상명사 15 물질명사

기본 TEST p.14~15

A 1 has ▶class 집합명사로 단수 취급합니다. 2 is ▶air는 물질명사로 셀 수 없으므로 단수 취급합니다. 3 is 4 is 5 has 6 is ▶committee 같은 집합 명사에 are를 붙이면 위원회의 모든 구성원을 하나 하나를 가르키고, is를 붙이면 위원회 하나의 덩어리를 의미합니다. 7 is

1 are, is 2 are, is 3 is, are

B 1 Fast food, is ▶fast food는 물질명사이므로 단수 취급합니다. 2 Korea, is 3 student, goes 4 lesson, is 5 Love, gives 6 family, is 7 teacher, sends 8 Water, is 9 Books, have 10 Tuesday, is

Unit 2

기초 TEST p.18~19

A 1 people 2 police 3 cattle ▶cattle은 s가 붙지 않아도 복수를 나타냅니다. 4 news 5 mathematics ▶과목명은 단수 취급합니다. 6 physics 7 public 8 Chinese ▶ Chinese는 단수와 복수가 같은 모양인 명사입니다. a Chinese: 중국인 한 명, Many Chinese: 많은 중국인들 9 children 10 economics 11 sheep 12 public 13 Japanese 14 deer ▶deer는 단수와 복수가 같은 모양인 명사입니다. 15 billiards

B 1 were 2 are 3 build 4 isn't 5 is 6 are 7 is 8 are 9 are 10 is 11 love 12 is 13 are 14 are 15 is

기본 TEST p.20~21

A 1 hundred, dollars ▶개수를 나타내는 수사는 복수일지라도 s를 붙이지 않습니다. 2 thousand, won ▶dollar는 s를 붙이지만 won은 s를 붙이지 않습니다. 3 dozen 4 thousands ▶수사가 아닌 숙어로 쓰이는 경우는 s를 붙입니다. 5 million, won 6 dollars 7 Tens 8 million 9 dollar, cents 10 hundreds 11 kilometers 12 dollars, cents 13 billions ▶수십억 개의 별 : 수사가 아닌 숙어로 쓰이는 경우는 s를 붙입니다. 14 story 15 tens

B 1 meters, meter 2 years, year 3 centimeters, centimeter 4 way, ways 5 grams, gram 6 Thousands, thousand 7 dollar, dollars 8 dollars, won 9 hours, hour 10 hundreds, hundred

실력 TEST p.22~23

A 1 people, the news 2 billiards 3 cattle 4 two sheep 5 Some people, the darts 6 fish ▶fish는 단수와 복수의 형태가 같은 단어입니다. 7 Physics, is 8 Chinese 9 Mathematics, is 10 children ▶child의 복수 형태는 children 입니다.

B 1 hundred, meters 2 thousand, won 3 meter, centimeters ▶meter, centimeters 같은 길이를 나타내는 단위에는 s가 붙습니다. 4 year, old ▶명사를 수식하는 경우 s를 붙이지 않습니다. 5 floors ▶명사를 수식하지 않는 경우 s를 붙입니다. 6 Hundreds of people 7 children 8 thousand 9 thousand, dollars ▶dollar는 s를 붙여 줍니다. 10 billion, won

Unit 3

기초 TEST p.25

A 1 the cat's eyes ▶고양이는 동물이므로 the cat's eyes가 보다 자연스럽습니다. 2 the wall of the house 3 the boy's bag 4 the lid of the kettle 5 today's newspaper 6 my sister's friend 7 the legs of the desk ▶책상은 무생물이므로 무생물의 소유격은 '~of 책상'이 자연스럽습니다. 8 10 kg's rice ▶무게는 무생물이라도 's를 사용합니다. 9 the dog's tail 10 the girl's hair 11 the eyes of the doll ▶인형은 무생물이므로 무생물의 소유격은 '~of 인형'이 자연스럽습니다. 12 30 dollars' worth of gasoline ▶worth: 가치 있는 13 the arms of the scarecrow 14 one hour's drive ▶시간은 무생물이라도 's를 사용합니다. 15 the girls' brushes ▶~s로 끝나는 명사의 소유격은 '만 붙입니다.

기본 TEST p.26~27

A 1 office ▶앞에 이미 office가 한 번 나와있으므로 생략해도 그 의미를 알 수 있습니다. 2 shop 3 building 4 x ▶중복되거나 추측할 수 있는 단어가 없으므로 생략할 수 없습니다. 5 office

1 her cousin's (house) ▶house를 생략해도 Sandy가 사촌의 '집'에서 머무를 것이라는 것을 추측할 수 있습니다. 2 the hotel 3 my uncle's (store) 4 the new office 5 designer's (shop)

B 1 a pig's tail
2 the roof of the house
3 the eagle's wings
4 Jane's mom
5 15 minutes' walk
6 the lid of the bottle
7 5 dollars' worth of sugar
8 the elephant's nose
9 the price of the diamond ▶무생물의 소유격
10 10 grams' honey
11 the length of this river
12 the girls' hair bands
13 today's cooking class
14 the height of that mountain
15 7 meters' distance

실력 TEST p.28~29

A 1 Tom, my best friend
2 Jane, John's girlfriend
3 a book, her English novel
4 Bill, my classmate
5 Susan, Morgan's sister ▶추가로 설명할 때, 콤마를 사용하여 두 개 명사를 붙여줍니다. 이 때 어순은 반대입니다.

1 Paul, my brother
2 Lily, Jimmy's sister
3 My uncle, the best engineer
4 Wang, your friend
5 Mr. Lee, my sister's husband

B 1 tiger's tail 2 The door of the house 3 The bird's beak 4 The boy's feet ▶foot은 단수, feet는 복수 5 10 minutes' walk 6 The cover of Bible ▶Bible은 무생물이므로 무생물의 소유격은 '~of Bible'이 됩니다. 7 The students' notebooks ▶~s로 끝나는 명사의 소유격은 '만 붙입니다. 8 my mother's purse 9 color of the rainbow 10 today's topic ▶무생물이라도 거리, 무게, 시간, 가격의 소유격은 's로 나타냅니다.

Unit 4

기초 TEST p.32~33

A 1 남동생이 한 명, one 2 어떤 Tom이라는 사람, a certain ▶Tom이라는 이름을 가진 사람을 의미합니다. 3 같은 사이즈, the same 4 한 달에, per ▶per : ~마다 5 소방관, x 6 나이든 숙녀가 한 명, one 7 영어선생님이 한 명, one ▶one은 특정한 사람을 나타내지 않습니다. 8 일주일에, per 9 같은 가격, the same 10 모자, x

B 1 C 2 A 3 A 4 B 5 B 6 A 7 C 8 C 9 B 10 A 11 C 12 B 13 C 14 B 15 D 16 A

기본 TEST p.34~35

A 1 an ▶apple은 모음으로 시작하므로 an을 붙여줍니다. 2 the 3 x 4 The 5 x 6 an 7 x 8 The 9 the ▶서수 앞에는 the를 붙여줍니다. 10 a 11 x 12 the 13 x 14 a 15 The

B 1 a 2 x 3 a ▶twice a week: 일주일에 두 번 4 the 5 The 6 the 7 x ▶과목명 앞에는 관사를 붙이지 않습니다. 8 the 9 x 10 a 11 the 12 a, x 13 x 14 the 15 a

실력 TEST p.36~38

A 1 history 2 an uncle ▶uncle은 모음으로 시작하므로 an을 붙여줍니다. 3 the second year 4 The cap 5 the largest animal ▶최상급을 나타낼 때는 the를 붙여 줍니다. 6 a month 7 the sky 8 subway 9 the salt 10 An ant (The ant) ▶종족을 나타내는데 동사(is)가 단수이므로 a(an) 또는 the를 사용합니다.

B 1 The elephant is, Elephants are 2 An owl likes, Owls like 3 The goat is, A goat is 4 The dragonfly has, Dragonflies have ▶명사의 단, 복수에 알맞게 동사도 형태를 맞춰야 합니다. 5 A mouse is, Mice are ▶mouse의 복수는 mice입니다.

C 1 the only 2 a year 3 the strongest 4 PE(Physical Education) 5 the last 6 the same 7 the moon ▶moon은 세상에서 유일한 자연물이므로 the를 붙여줍니다. 8 the piano 9 the window 10 Seoul ▶지명 앞에는 관사를 붙이지 않습니다.

내신대비1 p.39~42

01 ① 02 ④ 03 ③ 04 ① 05 ② 06 ① 07 ④ 08 ① 09 ⑤ 10 ② 11 years → year 12 ① 13 my father's birthday 14 5 thousand won 15 ④⑤ 16 A dolphin, Dolphins 17 ③ 18 tomorrow → tomorrow's 19 ③ 20 the

01 당구는 s가 붙어 있지만 단수 명사입니다.
02 child의 복수는 children입니다.
03 원숭이는 생물이므로 's로 소유격을 나타냅니다.
04 서수 앞에는 the를 붙여야 합니다. ① first → the first
05 desk는 무생물이므로 's가 아닌 of로 소유격을 나타내야 합니다.
→ the legs of the desk
06 homework는 셀 수 없는 명사입니다.
07 어떤
08 ~마다, ~에 three times a day: 하루에 세 번
09 무생물의 소유격은 '~ of '로 나타냅니다.
10 동격은 , 를 이용하여 나타냅니다.
11 뒤에 명사가 있을 경우 s를 붙이지 않습니다.
12 won은 s가 붙지 않고 dollar와 cent에는 s를 붙입니다.
13 우리 아버지는 생물이므로 's로 소유격을 나타냅니다.
14 개수를 나타내는 수사는 복수일지라도 s를 붙이지 않습니다.
15 ④ 무생물 일지라도 시간은 '로 소유격을 나타냅니다.
⑤ two hundred students 200명의 학생
hundreds of students 수 백 명의 학생

17 처음 나온 단어 앞에는 a를, 이미 한 번 앞에서 언급된 것을 얘기할 때는 the를 붙입니다.

18 시간을 나타낼 때는 무생물이라도 of 대신 's로 소유격을 나타냅니다.

20 악기 앞에는 the를 붙입니다.

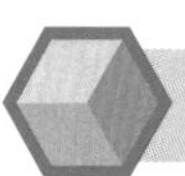

내신대비2 p.43~46

01 ④ 02 ③ 03 is/are 04 9-year-old
05 ② 06 is 07 ⑤ 08 ① 09 ⑤ 10 ④
11 the same 12 a/the 13 ③ 14 a/the
15 today's party 16 ④ 17 ① 18 ⑤
19 work 20 ③

01 추상명사(life), 고유명사(Rome), 셀수 없는 명사(air, water) 앞에는 a를 붙이지 않습니다.

02 우리나라 돈(won)은 복수일지라도 s를 붙이지 않습니다.

03 Mathematics는 s가 있을지라도 단수명사입니다.

05 가족구성원 하나 하나를 일컬을 때는 복수 취급합니다.

06 class를 한 덩어리로 취급한 것입니다.

11 부정관사(a/an)은 the same의 뜻도 있습니다.

13 by+교통수단(무관사)

16 children은 복수입니다.

18 Physics는 s가 있을지라도 단수명사입니다.

19 committee 한사람씩을 일컬을 때는 복수 취급합니다.

20 ③ stories → story

Chapter 2
대명사

Unit 1

기초 TEST p.49

A 1 하나(한 마리) 2 하나는 3 그것은 ▶it은 a dog을 가리킵니다. 4 사람은 ▶one은 일반적인 사람을 나타냅니다. 5 그것은 6 하나는 7 그것들은 8 그런 것들을 9 하나 10 사람은 자신의(자기의) ▶일반적인 사람의 소유격은 one's로 나타냅니다.

기본 TEST p.50~51

A 1 one ▶내가 갖고 있는 두 개의 지우개들 중 하나가 필요합니다. 2 it 3 one ▶Jane의 지우개를 사는 것이 아니라, 그런 것(그런 종류)으로 사는 것이므로 one을 씁니다. 4 one 5 ones 6 one 7 one 8 it 9 it 10 it 11 ones ▶이 마을에 있는 일반적인 사람들을 의미합니다. 12 it ▶탁자에 올려진 특정한 오렌지를 가리킵니다. 13 They 14 One ▶일반적인 사람 15 them

B 1 it 2 one 3 ones 4 One 5 It 6 one 7 It 8 They 9 one 10 ones

Unit 2

기초 TEST p.54~57

A 1 All 2 Both ▶두 명이므로 both를 써야 합니다. 3 Each ▶동사(has)가 단수 동사이므로 단수 형태 each를 써야 합니다. 4 Both 5 All 6 Each 7 All 8 Each 9 Each 10 Both ▶동사가 복수 동사이기 때문에 each를 써서는 안 되고, twin은 쌍둥이, 즉 두 명이므로 both를 써야 합니다. 11 All 12 Each

B 1 are 2 has 3 are 4 is 5 are 6 know ▶both는 두 명, 즉 복수이므로 복수 동사를 쓴다. 7 are 8 are 9 is ▶여기서 all은 '모든 것' 이라는 의미로 단수입니다. 해석: 모든 것이 끝났다. 10 look 11 keeps 12 are 13 is ▶flour는 물질 명사로 셀 수 없는 명사이므로 단수 취급합니다. 14 are 15 was

C 1 Some 2 any 3 Some 4 any ▶의문문에는 any를 사용합니다. 5 Some 6 Some 7 any

1 were 2 don't, doesn't ▶any는 단, 복수 모두 가능하다 3 are 4 were 5 is, are 6 are 7 was ▶some of 뒤의 money가 셀 수 없는 명사이므로 단수동사인 was가 옵니다.

D 1 any of them 2 some of us 3 any ▶부정문에는 any를 사용합니다. 4 Some of the eggs 5 any of you ▶의문문에서 any는 누구라도 라는 뜻을 갖는다.

1 have 2 don't(doesn't) ▶any는 단수, 복수 모두 가능합니다. 3 say 4 Is(Are) 5 is

기본 TEST p.58~59

A 1 have 2 like 3 want 4 catches 5 is 6 turns 7 are 8 have 9 has 10 respect

B 1 Both of the students
2 All of them
3 Each of us
4 Both of you
5 All of the boys
6 Each of the girls
7 All
8 Both
9 Each
10 All of the red peppers

실력 TEST p.60~61

A 1 All, goes 2 All of the power, was ▶power는 셀 수 없는 명사이므로 단수 취급합니다. 3 Each of the students, wins 4 Some of us, eat 5 Do(Does), any of you ▶any는 단수, 복수 모두 가능 6 All of them, look 7 Both of the sisters, are 8 Each of them, has 9 Some of them, use 10 any of us ▶'우리 중 어느 누구에게도' 라는 뜻을 나타냅니다.

B 1 Each of them, is
2 All of the women, wish
3 Both, say
4 Each of the golfers, has
5 All of the flowers, don't bloom
6 Both of us, like
7 Some of the deer, began
8 All of the children, want
▶all of+복수명사이므로 복수 동사가 옵니다.
9 Some of them, struggle
▶some of+복수명사이므로 복수 동사가 옵니다.
10 All of the butter, is
▶all of+셀 수 없는 명사이므로 단수 동사가 옵니다.

Unit 3

기초 TEST p.64~67

A 1 또 하나는 영어이고, 나머지 하나는 역사이다.
2 하나는 오래되었고, 다른 하나는 새 것이다.
▶두 개일 때는 one, the other
3 또 다른 것은 없나요?
4 하나(한 마리)는 갔고, 다른 하나(한 마리)는 거기서 자고 있다.
5 일부는 작고, 또 다른 일부는 크다.
6 일부는 암컷이고, 나머지 전부는 수컷이다. ▶수가 많을 때 일부와 정해진 나머지 전부를 가리킬 때는, some, the others를 사용합니다.

B 1 One, the others ▶테이블에 있는 3개의 과일 중 하나는 사과고 정해진 나머지 모두(2개)는 멜론이다. 2 One, The other 3 each other 4 One, Another, the other 5 Some, others 6 Some, the others

C 1 another 2 the others 3 One, the other 4 One, another, the other 5 one 6 One, the other 7 One, the others 8 one, another 9 another 10 others

D 1 the others 2 others ▶일부 사람은 오렌지 주스를 좋아하고, 또 나머지 사람들 중 일부가 콜라를 좋아합니다. others는 나머지 중 일부, the others는 나머지 모두를 나타냅니다. 3 the others 4 others 5 the others 6 the others 7 others 8 the others 9 each other 10 others

기본 TEST p.68~69

A 1 another, the other 2 Some 3 the other 4 another 5 the others 6 One, the other 7 One, the other 8 each other

B 1 the others ▶동물의 종류가 두 가지이므로 한 가지 종류가 소이고, 나머지 종류 모두가(the others) 돼지라는 것입니다. 2 others 3 the others 4 Some 5 each other 6 the others 7 another, the other 8 Some, others(the others)

실력 TEST p.70~71

A 1 another 2 the others, are 3 One is , the other is 4 Some, are, others, are 5 One, is 6 another, the other 7 One lives, the others live ▶처음은 한 명이므로 단수동사 lives, 나머지는 두 명이므로 복수동사 live가 옵니다. 8 each other

B 1 the others 2 each other 3 others are 4 One is 5 each other 6 others got 7 another, the other 8 Some are, the others are ▶나머지 다른 사람들은 모두 웃고 있으므로 others가 아닌 the others가 옵니다.

Unit 4

기초 TEST p.74~75

A 1 단수 myself, yourself, himself, herself, itself 복수 ourselves, yourselves, themselves

- **재귀용법** : 나 자신, 너 자신, 그 자신, 그녀 자신, 그것 자신, 우리들 자신, 너희들 자신, 그들 자신
- **강조용법**(주어 강조) : 내가 직접, 네가 직접, 그가 직접, 그녀가 직접, 그것이 직접, 우리들이 직접, 너희들이 직접, 그들이 직접
- **강조용법**(목적어/보어 강조) : 바로 나를, 바로 너를, 바로 그를, 바로 그녀를, 바로 그것을, 바로 우리를, 바로 너희들을, 바로 그들을

B 1 그녀를 자랑스러워한다, 그 자신을 자랑스러워한다. 2 그녀 자신에 대해 말하기를, 그에 대해 말하기를 3 나를 위해 팬케이크를, 스스로(자진해서) 팬케이크를 ▶for oneself: 스스로(자진해서), 자신을 위해서

1 그가 직접 그 트럭을, 바로 그 트럭을 ▶itself는 그 앞의 truck을 강조한 것입니다. 2 바로 그 소년을, 그녀가 직접 그 소년을 ▶herself는 그녀가 소년을 자기가 직접 만났다는 것을 강조한 것입니다. 3 네가 직접 그 인형을, 바로 그 인형을

기본 TEST p.76~79

A 1 강조 2 재귀 3 강조 4 강조 5 재귀 ▶나 자신, 목적어로 사용된 것입니다. 6 강조 7 강조 8 재귀 9 재귀 ▶너는 너 자신에 대해 알아야 한다, yourself는 목적어. 10 재귀 11 강조 12 재귀 13 강조 14 재귀 15 강조

B 1 you ▶주어가 they이므로 yourself라는 재귀대명사를 쓸 수 없습니다. 2 himself 3 themselves 4 itself 5 myself ▶재귀대명사의 강조 용법 6 himself 7 herself 8 us 9 herself ▶그녀는 그녀 자신에게 매우 화가 났다. 10 myself

C 1 스스로(자진해서), 자신을 위해서 2 홀로(혼자서), 혼자 힘으로 3 저절로 4 마음껏 먹다 ▶Help yourself: 마음껏 드세요. 5 즐기다 6 제정신이 아닌 7 혼잣말을 하다 8 본래, 원래 9 편히 쉬다

1 say to oneself 2 help oneself 3 enjoy oneself 4 of itself 5 beside oneself 6 for oneself 7 in itself 8 by oneself 9 make oneself at home

D 1 of 2 yourself 3 beside 4 Help 5 by 6 of 7 yourself 8 for 9 in 10 to

실력 TEST p.80

A 1 said to myself 2 by himself 3 help ourselves ▶우리가 마음껏 먹을 수 있는 것이므로 ourselves. 4 by yourself 5 In itself 6 make myself at home 7 for yourselves ▶너희들, 복수이므로 yourself가 아닌 yourselves를 써야 합니다. 8 by yourself 9 of itself 10 beside herself

내신대비1 p.81~84

01 ② 02 ② 03 ④ 04 ④ 05 ② 06 ② 07 ① 08 other→ the other 09 ⑤ 10 ② 11 1. one, 2. it 12 Some friends like apples and others like bananas 13 ⑤ 14 beside himself 15 ⑤ 16 ① 17 ③ 18 other → the other 19 ④ 20 help yourself

01 모두가 all, 사람을 뜻하면 복수 동사 are을 써야 합니다.
02 그 자신을 소개한 것이므로 재귀대명사 himself.
03 저절로 of itself
04 all of the bread는 셀 수 없는 물질명사이므로 단수 취급하여 동사 is가 와야 합니다.
05 내 자신을 당신에게 소개하겠다는 것이므로 yourself가 아닌 myself가 와야 합니다.
06 앞에 laptop computer가 나와 있으므로 대명사 one을 써야합니다.
07 Jane과 그녀의 여동생 두 명이므로 both를 쓸 수 있습니다.
08 연필이 두 자루이므로 나머지는 the other를 써야 합니다.
09 both는 두 명을 가리키기에 복수 동사 are이 와야 합니다.
10 ①③④⑤는 재귀대명사의 강조 용법이고, ②는 재귀대명사가 목적어로 쓰인 경우입니다.
11 1은 일반 스마트 폰을 얘기하는 것이므로 일반적인 것을 가리키는 one, 2에서는 '이' 특정한 스마트 폰을 원하는지 묻는 것이므로 특정한 것을 가리키는 it을 써야 합니다.
12 어떤 친구들–some friends, 다른 친구들–others
14 beside oneself 제정신이 아닌
15 ⑤번에 both는 복수이므로 keeps가 아닌 keep이 와야 합니다.
16 ones–cards, one–a new bag, one–일반사람
17 How about this black one?: 이 까만 모자는 어때? / Will you show me another?: 다른 모자를 보여주시겠어요?
18 물건이 3개일 때는 one, another, the other를 써야 합니다.
20 Help yourself 마음껏 드세요, to the cakes, 케이크를

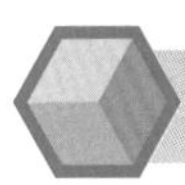

내신대비2 p.85~88

01 ② 02 ④ 03 ⑤ 04 ③ 05 one/the others 06 ① 07 ③ 08 him 09 themselves 10 ④ 11 ② 12 ⑤ 13 ② 14 by myself 15 ⓐ-①/ⓑ-③ 16 ③ 17 ① 18 ④ 19 Each 20 One, another, the other

03 money는 셀 수 없는 명사 이므로 is가 와야 합니다.
05 정해진 것들 중에 하나는 one~, 나머지 모두는 the others~
06 셋 중에서 하나는one~, 또 다른 하나는 another~, 나머지 하나는 the other~
07 each others → each other
10 재귀대명사의 강조용법
11 by oneself 혼자 힘으로
13 all of us는 복수 취급합니다.
16 ③ one은 신발을 의미합니다.
17 both of them은 복수, each of them은 단수
20 셋 중에서 하나는one~, 또 다른 하나는 another~, 나머지 하나는 the other~

Chapter 3

형용사와 부사

Unit 1

기초 TEST p.91

A 1 nose, 한정적 용법 2 서술적 용법 ▶사자의 주격보어, 그 사자는 살아 있다. 3 shirt, 한정적 용법 4 서술적 용법 ▶they의 주격보어, 그들은 멋지게 보인다. 5 something, 한정적 용법 6 서술적 용법 7 서술적 용법 ▶me의 목적격보어입니다, 아기가 나를 피곤하게 만든다. 8 서술적 용법 9 water, 한정적 용법 10 friend, 한정적 용법 11 서술적 용법 ▶Jimmy의 목적격보어, 나는 Jimmy가 정직하다는 것을 알아냈다. 12 서술적 용법 ▶the song의 주격보어, 이 노래는 젊은 사람들한테 인기가 많다. 13 서술적 용법 14 서술적 용법 15 drink, 한정적 용법 ▶soft drink 청량음료, 탄산음료

기본 TEST p.92~93

A 1 something hot
2 something important
3 ugly thing ▶ugly가 thing을 한정적 용법으로 수식.
4 anything interesting 5 Nothing great
6 good thing 7 something special
8 nothing good 9 next thing
10 anything rare

B 1 considers Jane generous
2 made me scared 3 felt the drama boring
4 need warm food 5 is an empty box
6 found it false 7 makes us comfortable
8 believed him honest
9 saw a strange thing
10 made us dangerous

Unit 2

기초 TEST p.95~97

A 1 pens, books, pleasure 2 pig, knowledge, place ▶every+단수 명사 3 flower, week ▶each+단수 명사

1 are, are, drains 2 is, gives, looks 3 smells, has

B 1 All 2 every 3 all 4 Every 5 all 6 is 7 Every 8 has 9 each 10 Every, has 11 are 12 is 13 All 14 is 15 Every, Each

C 1 is 2 student 3 book 4 was 5 tables 6 is 7 is 8 is ▶love는 셀 수 없는 명사이므로 단수 취급 9 player 10 pandas ▶all+ 복수 명사 이므로 복수 동사 are가 옵니다. 11 train 12 wants ▶each는 단수 취급 13 is 14 lights 15 runner ▶every는 단수 취급합니다.

기본 TEST p.98~99

1 many, a lot of, lots of, a number of, plenty of
2 much, a lot of, lots of, a great deal of, plenty of
3 many, a lot of, lots of, a number of, plenty of

B 1 many, plenty of
2 a lot of, lots of ▶wealth는 셀 수 없는 명사입니다.
3 A lot of, A number of
4 Many, a lot of
5 a lot of, plenty of ▶knowledge는 셀 수 없는 명사입니다.
6 lots of, a number of
7 lots of, a number of
8 Many, A number of
9 lots of, a great deal of
10 A great deal of
11 was / plenty of, lots of
12 are / a number of, lots of
13 A lot of / were
14 A great deal of, A lot of / is
15 lots of, plenty of

실력 TEST p.100~101

A 1 All dogs are 2 Every baby is 3 Each soldier has 4 All guests went 5 Every rice is 6 Each waterfall shows 7 All books, are 8 Every problem was 9 Each person has 10 All water, is

B 1 A lot of (A great deal of), skill, is
2 Lots of, bears, are
3 Many, people, are
4 A lot of (A great deal of), honey, is
5 A lot of (A number of), subjects, are
6 Plenty of, effort, is
7 are, a lot of (a number of) flowers
8 are, a lot of (a number of) fish
9 is, a lot of (a great deal of) food
10 are, plenty of butterflies

Unit 3

기초 TEST p.103

A 1 거의 팔지 못했다 2 거의 쉬지 못했다 3 몇 개 필요하다 4 조금 넣는다 5 하나도 안 보인다 6 조금 굽는다 7 거의 꾸지 않는다 8 거의 가입하지 않는다 9 조금 있다 10 전혀 없다

기본 TEST p.104~105

A 1 a few, a little, little, few ▶money:셀 수 없는 명사, sleep: 셀 수 없는 명사 2 books, soup, sugar, hairpins
▶a few/few+ 셀 수 있는 명사, a little/little+셀 수 없는 명사

1 want, is, are, was ▶rain: 셀 수 없는 명사
2 is, enter, is, don't

B 1 a few 2 Few 3 no 4 A few 5 few
▶그는 이기적이므로 친구가 거의 없다. 6 no 7 No 8 no
9 a few 10 little 11 a few 12 few ▶few+셀 수 있는 명사 13 a little 14 no 15 no ▶time은 셀 수 없는 명사입니다.

실력 TEST p.106~107

A 1 little Sprite 2 a few friends 3 few leaves
▶leaf의 복수는 leaves입니다. 4 no water 5 a few rings
6 a little cheese ▶I bought some cheese와 바꿔 쓸 수 있습니다.
7 a few onions 8 little fragrance ▶fragrance: 향기(셀 수 없음) 9 no frog (frogs) 10 a little Coke

B 1 some flowers 2 isn't any clock 3 some juice 4 Some classmates 5 some fine dust
6 some members 7 doesn't have any feelings
▶동사+no+명사=동사 부정형(not)+any+명사 8 A little chicken noodle soup ▶soup는 셀 수 없는 명사이므로 a little로 대신합니다. 9 doesn't have any children (child)
10 A few boxes

Unit 4

기초 TEST p.109

A 1 늦게 일어났다, 동사 2 그렇게 바쁘니, 형용사 3 다행히도, 문장 전체 ▶그녀가 다치지 않은 것이 다행이므로 문장 전체를 수식합니다. 4 행복하게 살았다, 동사 5 매우 많이, 부사 ▶부사 very가 부사 much를 수식합니다. 6 거의 하지 않는다, 동사 7 빠르게 검사했다, 동사 8 이상스럽게도, 문장 전체 ▶그녀가 요즘 웃지 않는 것이 이상스러운 것이므로 문장 전체 수식합니다. 9 너무 어리다, 형용사
▶부사 too가 형용사 young 수식. 10 느리게 걸었다, 동사

기본 TEST p.110~111

A 1 turn it off 2 try it on 3 pick up the paper(pick the paper up) ▶보통 명사는 동사와 부사 사이에 있어도 되고, 부사 뒤에 있어도 됩니다. 4 put them on
▶대명사는 동사와 부사 사이에 와야 합니다. 5 try the cap on (try on the cap) 6 wakes me up 7 throw away the trash (throw the trash away) 8 give it up
9 bring them back 10 turn on the TV, (turn the TV on)

B 1 turned off the light (turned the light off)
2 took off her hat (took her hat off) ▶보통 명사는 동사와 부사 사이에 있어도 되고, 부사 뒤에 있어도 됩니다.
3 try it on ▶대명사는 동사와 부사 사이에 와야 합니다.
4 Try this lotion on (try on this lotion)
5 picked them up
6 brought back my happy day(brought my happy days back)
7 turn on the heater (turn the heater on)
8 put on our gloves (put our gloves on)
9 threw away her advice (threw her advice away)
10 gave him up ▶대명사는 동사와 부사 사이에 와야 합니다.

실력 TEST p.112

A 1 silently ▶silent(형용사):조용한, 침묵의 2 quite ▶quite 꽤(부사) quiet 조용한 3 beautifully 4 Actually 5 turn on 6 turn off 7 take it off ▶it이 대명사이므로 동사와 부사 사이에 와야 합니다. 8 tried on 9 picked up 10 bring back

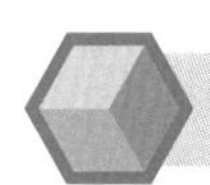

내신대비1 p.113~116

01 ④ 02 ① 03 ③ 04 ②⑤ 05 ② 06 ④ 07 ⑤ 08 ③ 09 ④ 10 ① 11 ③ 12 ③ 13 I have plenty of books and pens. 14 all, every 15 ③ 16 unhappily → unhappy 17 ① 18 People can do something interesting on a smart phone. 19 put on it → put it on 20 a few, a little

01 ~thing은 형용사가 뒤에 옵니다.
02 each는 단수 취급하므로 동사 has가 와야 합니다.
03 food는 셀 수 없는 명사로 단수 취급, 단수 동사 is가 와야 합니다.
04 목적격보어로 형용사(또는 명사)가 와야 합니다. ①③④는 부사.
05 부사 richly 대신 형용사 rich가 와야 합니다
06 '운 좋게 우리가 경기를 이겼다'는 문장전체를 을 수식하는 부사가 와야 합니다. ④ fortunate → fortunately
07 a lot of, a great deal of, much, very much는 셀 수 없는 명사를 수식합니다.
09 ①②③⑤는 명사를 수식하는 한정적 용법으로, ④는 주격보어로 서술적 용법입니다.
11 time은 셀 수 없는 명사이며, many는 셀 수 있는 명사를 수식하는 형용사입니다.
12 little은 '거의 없다'라는 뜻을 가지며 셀 수 없는 명사를 수식합니다.
14 All +복수 명사, Every +단수 명사
15 you는 대명사이므로 동사와 부사 사이에 와야 합니다.
16 목적격보어로 부사 unhappily가 아닌 형용사 unhappy가 와야 합니다.
19 it은 대명사, 동사와 부사 사이에 와야 합니다.
20 a few+셀 수 있는 명사, a little+셀 수 없는 명사

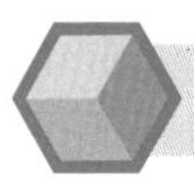

내신대비2 p.117~120

01 ④ 02 ③ 03 ③ 04 ① 05 not any 06 ② 07 ① 08 ② 09 ② 10 ⑤ 11 threw away the old clothes. / threw the old clothes away. 12 ④ 13 ⑤ 14 every/any 15 ① 16 ④ 17 put them into / 둘 다 18 ⑤ 19 ⑤ 20 ⑤

01 ①, ②, ③, ⑤는 한정적 용법, ④는 서술적 용법
02 each는 단수 취급합니다. ③ have → has
04 a few = some
05 no = not any
06 ② sadly → sad
07 some은 셀 수 있는 명사와 셀 수 없는 명사를 둘다 수식할 수 있습니다.
09 ② a great deal of는 셀 수 없는 명사 앞에 옵니다.
10 목적어가 대명사인 경우 목적어가 동사와 부사 사이에 와야 합니다.
11 목적어가 명사인 경우 목적어가 동사와 부사 사이, 또는 뒤에 와도 됩니다.
13 luckily는 문장 전체를 수식합니다.
15 ①은 서술적 용법 ②, ③, ④, ⑤는 한정적 용법
16 some은 셀 수 있는 명사와 셀 수 없는 명사를 둘다 수식할 수 있습니다.
17 목적어가 대명사인 경우 목적어가 동사와 부사 사이에 와야 하고, 목적어가 명사인 경우 목적어가 동사와 부사 사이, 또는 뒤에 와도 됩니다.
18 ⑤beside oneself: 제정신이 아닌

Chapter 4
비교

Unit 1
기초 TEST p.124~125

A 1 faster 2 the shortest 3 useful 4 whiter 5 better ▶장미 혹은 백합 중 어느 것을 더 좋아합니까? (비교급) 6 rich 7 the coldest

1 of 2 of 3 in 4 of ▶of+복수명사 5 in 6 of 7 in ▶in+장소

B 1 as 2 worse, than ▶나는 그녀보다 더 나쁜 성적을 받았다. 3 as, as ▶Jim은 영어를 싫어하는 만큼 수학을 싫어합니다. 4 than 5 the wisest 6 than 7 in 8 the strongest 9 than 10 of 11 as, as 12 as, as 13 than 14 the fattest, of 15 as, as ▶나의 개는 그녀의 개만큼 날씬하다.

기본 TEST p.126~127

A 1 the best of 2 worse than ▶bad-worse-worst 3 the most handsome of 4 as poor as ▶the+형용사: 집합명사 5 faster than 6 the wisest of ▶wise-wiser-wisest 7 more easily than 8 more than ▶more 더 많이(much의 비교급) 9 as much as 10 thinner than

B 1 older than
2 as hungry as
3 best in ▶well-better-best
4 the most intelligent of
▶intelligent-more intelligent- most intelligent
5 the hottest in ▶hot-hotter-hottest
6 earlier than
7 as often as
8 less than ▶little-less-least
9 the biggest in
10 faster than

Unit 2
기초 TEST p.129~131

A 1 훨씬 2 여전히 ▶그녀는 여전히 예쁘다. 3 훨씬 ▶나는 Tommy보다 훨씬 더 바쁘다. 4 심지어 ▶그들은 심지어 적한테도 친절했다. 5 많이 ▶올해는 비가 많이 왔다. 6 훨씬 7 훨씬 8 먼 ▶그것은 여기서 그렇게 멀지 않다. 9 훨씬 10 훨씬 11 훨씬 ▶독수리는 암탉보다 훨씬 더 크다. 12 훨씬 ▶당신은 당신의 나이보다 훨씬 더 어려 보인다. 13 심지어 14 훨씬 15 여전히

B
1 much more expensive than
▶much가 비교급 more expensive를 수식합니다.
2 even poorer than ▶그는 우리보다 훨씬 더 가난하다.
3 still more than
4 a lot better than
5 much sharper than
6 a lot cuter than
7 even more than
▶Tom은 네가 나를 사랑하는 것보다 훨씬 더 나를 사랑한다.
8 far stronger than
▶이 커피는 저것보다 훨씬 맛이 강하다.
9 still later than
10 far more than

C 1 as much as possible, 가능한 많이
2 as much as possible, 가능한 많이
3 as kindly as possible, 가능한 친절하게
4 as slowly as we can, 가능한 느리게
▶walk가 현재형이므로 can이 와야 합니다.
5 as hard as he could, 가능한 열심히
▶learned가 과거형이므로 could가 와야 합니다.
6 as early as we could, 가능한 일찍 ▶he and I는 대명사 we로 받아주고 started가 과거형이므로 could가 와야 합니다.

기본 TEST p.132~133

A 1 You are happier than he (is)
2 He is not as famous as she (is)
3 This is older than the castle.
4 Soccer is more exciting than tennis.
5 Bob doesn't fly an airplane as well as Tom.
6 My ice cream is bigger than his. ▶his (ice cream)

7 It is not as easy as this question.
8 The cat is not as cute as the dog.
9 The orange tastes better than the apple.
10 The cat's tail is not as long as the tiger's.

B 1 그는 더 행복하게 느낀다. ▶비교급~ 비교급~: ~할수록 ~하다. 2 저것보다 2배만큼 비싸다 ▶2배 twice, 2배 이상은 모두 three, four, five times...로 표현한다 3 개보다 4배만큼 빠르다 ▶수사+as+원급+as: 몇 배만큼 ~하다 4 점점 더 밝아 보이고 있다. 5 계곡도 더 깊다 6 점점 더 어두운 그림을 7 저것보다 3배만큼 길다 8 저기보다 절반만큼 높다(저기의 절반 높이이다.) 9 점점 더 나아지고 있다 10 더 추워졌다

실력 TEST p.134

A

1 four times as much as
2 faster and faster
3 The more, the more
4 The harder, the faster
5 hotter and hotter
6 three times as thick as
7 The older, the wiser
8 five times as much as ▶수사+as~as : ~보다 ~배 더 ~하다.
9 More and more people
10 half as big as

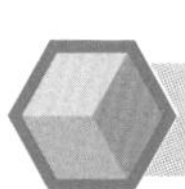

내신대비1 p.135~138

01 ② 02 ④ 03 ③ 04 ② 05 ⑤ 06 ⑤ 07 ① 08 isn't as, as 09 ② 10 ③ 11 ② 12 ③ 13 warmer, warmer 14 The harder, the better 15 more, in 16 ② 17 ③ 18 Other friends are smarter than I. 19 ④ 20 She is getting fatter and fatter.

01 as 원급 as~: ~만큼 ~하다.
02 비교급+than~: ~보다 더 ~하다.
03 the 최상급 in~: ~에서 가장 ~하다. our class는 장소이므로 of가 아닌 in을 붙여야 합니다.
04 비교급의 강조는 much, even, far, still, a lot 등을 쓸 수 있습니다.
05 useful의 최상급은 most useful.
06 ⑤ colder → coldest
07 ① most faster → fastest
08 피아노를 연주하는 것이 기타를 연주하는 것보다 더 재미있다. =기타를 연주하는 것은 피아노를 연주하는 것만큼 재미있지 않다.
09 as 원급 as once can = as 원급 as possible
10 비교급을 강조하는 much는 a lot과 바꿔 쓸 수 있습니다.
11 ② heavy−heavier−heaviest
12 배수사 as .... as ~: ~의 배수사만큼 ....하다.
13 비교급 and 비교급: 점점 더 ~하다.
14 the 비교급~, the 비교급…: 하면 할수록 더 …하다. good의 비교급은 better.
15 many의 비교급 more, 최상급+in+장소
16 ① the older → the oldest ③ the shortest → shorter ④ the more handsome → the most handsome ⑤ the expensivest → the most expensive
17 ⓐ bad의 비교급 worse, ⓑ에는 비교급 more difficult를 강조할 수 있는 far, still, even, a lot 중 하나가 와야 합니다.
19 important의 최상급은 most important.
20 비교급 and 비교급: 점점 더 ~하다.

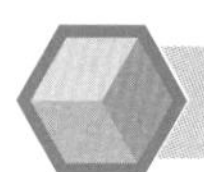

내신대비2 p.139~142

01 ① 02 ④ 03 ④ 04 in/of 05 the most beautiful 06 the biggest 07 ② 08 ① 09 could 10 ② 11 ② 12 harder than 13 ⑤ 14 hotter and hotter 15 ④ 16 ④ 17 ④ 18 ③ 19 ③ 20 ⑤

03 useful− more useful− most useful
04 최상급+in+범위, 최상급+of+복수명사
05 최상급 앞에는 the를 붙인다. beautiful − more beautiful − most beautiful
07 비교급 +than이므로 ② ill → worse
08 비교급은 비교급 앞에 even, far, still, a lot을 붙여 강조합니다.
09 as ~as possible= as ~as one can, 동사가 과거이므로 can이 아니라 could를 사용합니다.
10 ② pretty − prettier − prettiest
14 비교급 and 비교급: 점점 더 ~하다
16 good − better − best
20 ⑤ 비교급 앞에는 the를 붙이지 않습니다.

Chapter 5
전치사

Unit 1

기초 TEST p.149

A 1 for 2 during 3 for 4 for 5 during ▶for 다음에는 시간의 길이를 나타내는 명사가, during 다음에는 특정 기간을 나타내는 명사가 옵니다.

1 from ▶그는 아침부터 밤까지 일합니다. 2 since ▶since는 주로 현재완료와 함께 사용합니다. 3 since 4 from 5 since ▶지난 주부터 현재까지 계속 이 곳에 머물고 있다.

1 until 2 by 3 by ▶배는 내일 아침까지 도착할 것입니다. 4 until 5 by

기본 TEST p.150~151

A 1 from 2 since 3 for 4 for ▶숫자가 붙은 명사 앞에는 대부분 for를 사용합니다. 5 until 6 during 7 since ▶since는 주로 현재완료와 함께 사용합니다. 8 from 9 by 10 during

B 1 for 2 since 3 during 4 for 5 since 6 until 7 by 8 during 9 by 10 from, to

Unit 2

기초 TEST p.154~155

A 1 above 2 for ▶주로 도착지, start, leave와 함께 쓰입니다. 3 without 4 by ▶by+교통수단: ~를 타고 5 below 6 above 7 about 8 for 9 to 10 about 11 with 12 in 13 to ▶go, come, return 과 함께 쓰입니다. 14 above 15 without

B 1 without 2 by 3 with 4 for ▶start, leave 와 함께 쓰입니다. 5 in ▶in a car: 차로 6 about 7 with 8 to 9 without 10 about 11 on 12 to 13 for 14 by 15 without

기본 TEST p.156~157

A 1 with 2 by 3 below 4 above 5 to 6 for 7 by 8 with 9 without 10 about ▶about: ~에 관한

B 1 without 2 below 3 about 4 above ▶지평선 위로 5 to 6 x 7 for 8 with 9 below 10 about

Unit 3

기초 TEST p.159

A

1 be late for~ 2 be good at~
3 be different from~ 4 be proud of~
5 be famous for~ 6 be interested in~
7 be absent from~ 8 be bad(poor) at~
9 be afraid of~ 10 be tired of~
11 be full of~ 12 be filled with~

기본 TEST p.160~161

A 1 look at~ 2 wait for~ 3 take care of~ 4 look for~ 5 get to~ 6 look like~ 7 look forward to~ 8 listen to~

B

1 is late for　2 was absent from
3 is tired of　4 is poor at
5 was filled with　6 be proud of
7 are good at　8 is interested in
9 are afraid of　10 be full of

실력 TEST p.162

A 1 is filled with(is full of) 2 is different from 3 listen to 4 got to 5 is famous for 6 looks like 7 looking for 8 wait for 9 looks forward to ▶look forward to 다음에는 동사원형이 아닌 ing 형태가 옵니다.
10 takes care of

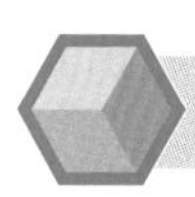

내신대비1 p.163~166

01 ④ 02 ③ 03 ① 04 ② 05 ② 06 ④
07 for → since 08 ③ 09 ③ 10 ① 11 ⑤
12 ② 13 is tired of 14 ③ 15 They are looking forward to meeting mom. 16 with, of 17 ③ 18 in → by 19 ③ 20 She is famous for her special chocolate cookies.

01 장소를 나타내는 전치사 at
02 작은 단위인 날짜(5일)에 맞추어 전치사(on) 사용.
03 around: ~주위를
04 해석: 그녀는 열시까지 돌아올 것이다. / 그는 기차를 타고 도시에 갔다.
05 by+교통 수단
06 in front of ~앞에
07 for 다음에는 특정한 기간이 와야 합니다. since 2002: 2002년부터
09 in a+car / taxi 자동차 /택시로
10 ①의 by는 ~까지, ②③④⑤의 by는 ~옆에
11 be poor at: ~를 못하다, be good at: ~를 잘하다
12 during+기간: ~동안
13 be tired of:~에 싫증이 나다
14 ③의 빈칸에는 to가 아닌 with가 들어가야 합니다.
15 look forward to+-ing
16 be filled with = be full of: ~로 가득 차 있다
17 be absent from: ~에 결석하다 / take care of: ~를 보살피다
18 by tomorrow: 내일까지
19 be interested in: ~에 흥미가 있다, be good at: ~를 잘하다, be proud of: ~를 자랑스러워하다
20 be famous for~ :~로 유명하다

내신대비2 p.167~170

01 ④ 02 ① 03 ③ 04 ⑤ 05 by 06 in
07 ③ 08 ② 09 ③ 10 ⑤ 11 ④
12 Their dishes are filled with food. 13 ①
14 ② 15 ④ 16 ② 17 ① 18 ①
19 since → from 20 ②

02 since는 주로 현재 완료문장과 함께 사용합니다.
04 ⑤ by → about
06 in +a+교통수단
07 be poor(bad) at: ~을 잘 못하다
08 ①,③,④,⑤는 ~까지, ②는 '~을 타고'의 교통수단을 나타냅니다.
09 ①,②,④,⑤는 '~에 관하여(~에 관한)', ③은 '약/대략~'
11 ④ for → of/ be afraid of:~을 두려워하다
12 be filled with: ~로 가득차 있다
14 wait for, be late for
15 be interested in: ~에 관심이 있다
16 by ~까지, ~을 타고
17 in the back of = behind:~ 뒤에
19 from A to B: A로 부터 B까지
20 ② get to:~에 도착하다

Chapter 6

명사절, 상관접속사

Unit 1

기초 TEST p.173

A 1 그가 부지런하다는 것, 주어 2 그녀는 진실을 안다, 목적어 3 그가 부자라는 것, 주어 4 그가 수다스럽다는 것, 목적어 5 kate가 런던에서 공부했다는 것, 목적어 6 그가 의사가 아니라는 것, 보어 7 내가 컴퓨터 게임을 너무 많이 한다, 목적어 8 Tom이 착한 소년이라는 것, 주어

기본 TEST p.174~175

A 1 that he is brave
2 that I am busy
3 that he bought a yacht
4 That Peter is a liar
5 that love is sweet

접속사 that이 생략 가능한 것 : 1, 2, 4, 6
▶that으로 시작하는 명사절이 목적어로 쓰일 때 접속사 that을 생략할 수 있다.

B 1 그녀가 아팠다는 것은 / That she was sick
2 내가 피아니스트 되기를 / that I become a pianist
3 이 그림이 위조품이라는 것을 / that this picture is a fake
4 그가 매우 따뜻하다고 / that he is very warm
5 흡연이 건강에 나쁘다는 것을 / that smoking is bad
6 큰 돈을 벌었다고 / that she made big money
7 엄마가 화가 나있다는 것 / that mom is upset
8 모든 것이 가능하다고 / that everything is possible
9 가격이 너무 높다고 / that the price is too high
10 그것이 옳은지(맞는지)를 / that it was right

Unit 2

기초 TEST p.177~179

A 1 Both/and, 그와 나는 둘 다 2 Either/or, 그녀와 너 둘 중의 하나는 ▶either A or B: A와 B 둘 중에 하나 3 Neither/nor, 나도 그도, 없다 ▶neither A nor B는 부정의 의미를 갖습니다. 4 Not only/but also, 강아지들뿐만 아니라 고양이들도 5 Not/but, Jane이 아니라 Tom이 6 Either/or, 너와 나 둘 중의 하나가 7 Neither/nor, 너도 Bill도, 하지 않았다 8 both/and, 피곤하고 배고팠다 ▶both A and B: A와 B 둘 다 9 not/but, 수영이 아니라 쇼핑이다 10 not only/but also, 책을 읽는 것뿐만 아니라 쓰는 것도

B 1 Both 2 Not ▶not A but B A가 아니라 B이다 3 Neither ▶nor은 neither과 함께 쓰입니다. 4 not only 5 or 6 Both 7 but 8 not 9 and 10 nor 11 but also 12 neither 13 but 14 either 15 not only

C 1 has 2 are 3 are 4 likes 5 get 6 takes ▶not only A but also B가 주어로 쓰일 때 뒤에 있는 B에 동사의 수를 맞추어야 합니다. 7 are ▶A와 B 둘 다를 나타내므로 복수동사가 와야 합니다. 8 are ▶뒤에 있는 you에 동사를 맞춘다. 9 are 10 is 11 are 12 is ▶마늘뿐만이 아니라 생강도 건강에 좋다 13 were 14 is 15 have ▶뒤에 있는 I에 동사를 맞춘다.

기본 TEST p.180~181

A 1 both, and 2 Either, or 3 neither, nor 4 not only, but (also) 5 not, but 6 both, and 7 either, or 8 neither, nor 9 not only, but (also) 10 not, but

B 1 have 2 play 3 am ▶뒤에 있는 주어 I에 동사의 수를 맞춘다. 4 is ▶뒤에 있는 주어 mom에 동사의 수를 맞추어야 합니다. 5 is ▶뒤에 있는 주어 dad에 동사의 수를 맞추어야 합니다. 6 has 7 are ▶뒤에 있는 주어 you에 동사의 수를 맞추어야 합니다. 8 are 9 is 10 am

실력 TEST p.182

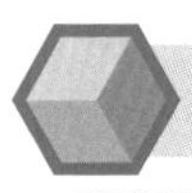

A 1 both kind and tender
2 not only poor but (also) lazy
3 Either Sara or I
4 neither apples nor pears
5 Not only a watch but (also) a ring
6 Both my baby and I
7 either yes or no
8 not a human being but a ghost
▶not A but B: A가 아니라 B
9 either pizza or pasta
10 both body and mind

내신대비1 p.183~186

01 ④ 02 ③ 03 ② 04 ④ 05 ④ 06 ② 07 ② 08 not, but 09 ⑤ 10 ⑤ 11 neither, nor 12 ① 13 ① 14 ② 15 I believe that she is a genius. 16 does → do 17 Either Suji or Sumi should go to the market. 18 It is not true that you are brave. 19 ③ 20 not only read, but also talked

01 both A and B: A와 B 둘 다
02 That~: 접속사 that이 이끄는 주어 역할의 명사절
03 목적어 역할의 명사절. Terry가 몰랐던 것은 그들이 형제라는 것입니다.
04 접속사 that이 문장 앞에서 명사절을 이끌어 주어 역할을 할 때는 생략하지 않습니다.
05 Either A or B, Neither A nor B
06 ② She gets angry → That she gets angry
07 ② are → is, either A or B에서는 B에 동사의 수를 맞추어야 합니다.
08 Not A but B: A가 아니고 B
10 ⑤ either tea or milk에서 milk는 단수이므로 are → is
11 neither~ nor.... ~도 ....도 아닌
12 ① 보어가 아니라 목적어 역할을 합니다.
13 not only A but also B, not ~ but
15 목적어로 쓰인 that절입니다.
16 both Cindy and Brian은 Cindy와 Brian 둘 다, 두 명을 가리키므로 does가 아니라 do가 와야 합니다.
both A and B: A와 B 둘 다, 복수 표현입니다.
17 Either A or B: A나 B 둘 중 하나
18 It ~ that 구문
19 both A and B, It~that 구문
20 not only A but also B: A 뿐만 아니라 B도

내신대비2 p.187~190

01 ⑤ 02 ① 03 ③ 04 not / has 05 ⑤ 06 ② 07 ④ 08 ③ 09 ① 10 ④ 11 ⑤ 12 were 13 It is false that he is 14 neither, nor 15 ③ 16 ① 17 ③ 18 ①,④ 19 a-nor, b-either 20 ②

01 ⑤ 보어 → 목적어
02 명사절을 이끄는 that절이 목적어로 쓰이는 경우는 that을 생략할 수 있습니다.
03 Either A or B는 B의 수에 동사를 맞추어 줍니다.
04 not A but B: A가 아니라 B, B의 수에 동사를 맞추어 줍니다.
05 ⑤ you, I, Angela와 그녀의 친구 총 4명
06 but also 뒤의 주어에 동사의 수를 맞추어 줍니다.
07 both A and: A와 B 둘 다
09 neither A nor B: A도 B 아닌
11 ⑤ are → is
12 Both A and B는 복수이므로 was → were
17 명사절을 이끄는 that절이 주어로 쓰이는 경우는 that을 생략할 수 없습니다.
18 목적어로 쓰이는 that절

Chapter 7

부사절

Unit 1

기초 TEST p.194~195

A 1 dishes, / dad, 설거지를 하고 있던 동안에
2 back, / I 돌아오기 전에
3 a car / since, 20살 때부터
4 meals / he cleans, 식사 후에
5 7, / I went, 7살 때
6 music, / he fell, 음악을 듣는 동안에
7 his piece / till, 50살이 될 때까지
8 me up / until, 준비될 때까지
9 the letter, / she, 편지를 부치기 전에
10 arrives, / we, 도착할 때

B 1 opened 2 has lived ▶since는 주로 현재완료와 사용합니다. 3 rises 4 have been ▶since가 이끄는 절은 보통 현재완료를 쓴다. 5 sings 6 come ▶시간을 나타내는 부사절에서 뜻이 미래를 나타낼지라도 현재시제를 써야 합니다.
7 studies 8 hasn't walked 9 puts 10 loved

기본 TEST p.196~197

A 1 check 2 saw 3 leaves ▶when 절의 뜻이 미래를 나타낼지라도 현재시제를 써야 합니다. 4 has ridden ▶ride-rode-ridden 5 comes 6 has written 7 walked
8 does 9 twists and turns 10 has wanted ▶since가 이끄는 절은 보통 현재완료를 쓴다.

B 1 After, X ▶내가 잠든 후, 아버지는 내 방의 불을 끄셨다.
2 When, X 3 Until, X ▶메일이 도착할 때까지, 우리는 그의 결정을 모른다. 4 X, before ▶네가 그의 이름을 잊어버리기 전에, 그의 이름을 노트에 적어라. 5 Since, X ▶전쟁이 끝난 이래로, 우리의 나라는 발전해 오고 있다. 6 While, X ▶Jane이 저녁을 요리하는 동안, 그는 그의 아기에게 분유를 먹인다. 7 After, X
8 When, X 9 X, since= ▶Jenny는 그녀가 임신한 이후로 아무것도 먹지 않았다. 10 X, when

Unit 2

기초 TEST p.199

A 1 soon / because, 너무 피곤했기 때문에
2 again / she, 그를 다시 만나서
3 sick / so, 그래서, 공항에 갈 수 없다.
4 train / because of, 교통 체증 때문에 ▶because와 because of는 뜻은 같지만 because 뒤에는 절이, because of 뒤에는 명사가 옵니다.
5 tired / she, 피곤했으므로(피곤해서)
6 boring / so, 그래서, 강의에 집중할 수 없다.
7 cooking / he, 요리하는 것을 좋아했기 때문에
8 day / because, 독감 때문에
9 polite / he is, 인자하고 예의가 바르므로
▶as를 because와 바꿔 쓸 수 있습니다.
10 voice / because, 시끄러운 음악 때문에 ▶because of+명사

기본 TEST p.200~201

A 1 because 2 so ▶그녀는 매우 부자이었다.(원인)+so 그래서+새로운 슈퍼카를 구입했다(결과) 3 Because, As
4 so 5 because of ▶bad weather는 명사입니다. 6 so
7 Because, As 8 As ▶그 군인들은 용감하므로, 그들은 전쟁을 이길 수 있다. 9 because, as 10 Because of
11 because of 12 because, as 13 As 14 so
15 Because of

B 1 so 2 because(as) ▶우리는 게임을 할 수 없다(결과)+because, as 왜냐하면+네가 컴퓨터를 고장냈으므로(원인)
3 because of 4 because(as) 5 Because(As)
6 so 7 because of ▶his outgoing character 는 절이 아닌 명사이다. 8 Because(As) 9 because(as)
10 because of

Unit 3

기초 TEST p.203~205

A 1 hard / she (만일) 그녀가 열심히 일한다면
2 glasses / you (만일) 네가 안경을 쓰지 않는다면
3 train / unless (만일) 네가 빨리 뛰지 않는다면(않는 한)
4 sick / he (비록) 그는 아플지라도
5 now / she (만일) 그녀가 지금 출발하지 않는다면
6 directions / he (만일) 그 사람이 길을 물어보지 않는다면(않는 한)
7 again / I (비록) 내가 Bill을 다시 만날지라도
8 tomorrow / I (만일) 내일 눈이 온다면
▶조건을 나타내는 if부사절은 미래라도 현재형을 사용합니다.
9 homework / you (만일) 네가 숙제를 하지 않는다면(않는 한)
▶Unless~=If ~not
10 small / he (비록) 그 기수는 작을지라도

B 1 If 2 Though ▶셔츠가 예쁘지만, 너에게 맞지 않음
3 Though 4 If 5 though 6 Unless ▶여권이 없다면
7 unless ▶그녀가 히터를 켜지 않는다면 8 If ▶내가 올바르게 기억하고 있다면, 이것은 내 남동생의 것이 아님 9 If 10 Unless
11 Though 12 Though 13 unless 14 If
15 though

C 1 is ▶조건의 부사절은 미래라도 현재형을 사용합니다.
2 have 3 won 4 want 5 stops ▶stop+-ing: ~하던 것을 멈추다 6 was ▶그녀는 이미 과거에 지친 것이므로 was가 와야 합니다. 7 believes 8 buys 9 leaves
10 study ▶if you don't study hard

기본 TEST p.206~207

A 1 If 2 Though 3 Though 4 Unless 5 if
6 If 7 Unless 8 If 9 unless ▶우리가 티켓을 갖고 있지 않으면 10 Though ▶그녀가 비록 스키를 잘 타더라도, 이 경사는 무섭다.

B 1 rains 2 need 3 looks 4 read ▶unless = if~not 5 was 6 has 7 wears ▶If he doesn't wear a mask 8 don't like 9 solve 10 eats

실력 TEST p.208

A 1 If, X ▶만약 네가 바쁘다면, 다시 전화하지 않아도 된다.
2 Though, X 3 If , X 4 X, though ▶비록 눈이 오고 있을 지라도 우리는 먼 거리를 운전해야 한다. 5 Though, X 6 X, unless ▶그녀는 그녀의 지갑을 찾지 못한다면, 집으로 걸어와야 할 것이다. 7 Unless, X 8 Though, X ▶비록 그녀의 부모님들이 반대하실지라도, 나는 그녀와 결혼할 것이다. 9 X, if ▶만약 Tom이 옮기고 싶다면 그는 그 양식을 채워야 합니다. 10 Unless, X

내신대비1 p.209~212

01 ② 02 ① 03 ④ 04 ④ 05 don't make → make 06 ④ 07 ① 08 because, because of 09 ② 10 ⑤ 11 ④ 12 ②
13 ③ 14 ② 15 while Bill is studying
16 Unless you read a book 17 if she is available 18 ⑤ 19 ② 20 After I became a middle school student

01 before~: ~전에
02 when~: ~할 때
03 because~: ~ 때문에, because+절

04 as~:~이므로, ~ 때문에 / 해석: 나는 고기를 매우 좋아하므로 스테이크를 먹고 싶다.

05 unless에는 이미 부정의 의미가 포함되어 있어서 not, never, no 등 부정어를 함께 쓰지 않습니다. / 우리가 예약을 하지 않는다면, 우리는 호텔에서 묵을 수 없을 것이다.

06 ④ because of → because

07 ① though → when / Mary는 한가 할 때, 그녀는 이탈리아에 가기를 원한다.

08 because+절, because of+명사

09 unless= if~ not

10 ⑤번 해석: Jenny는 그녀가 4살일 때까지 책을 읽지 못했다.

12 ② will eat → eat, 조건을 나타내는부사절은 그 의미가 미래라도 현재형을 사용합니다.

13 비록 그녀는 노래를 잘할지라도, 그녀는 그것을 뽐내지 않는다.

14 since는 대개 현재완료와 함께 사용합니다.

15 while~: ~하는 동안

16 unless = if~not

18 그녀가 돌아오면(올 때), 나에게 전화를 꼭 해주세요.

20 after~: ~후에

내신대비2 p.213~216

01 ② **02** ① **03** ④ **04** ② **05** has studied **06** Because of **07** 너무 어리므로(너무 어리기 때문에) **08** ③ **09** ⑤ **10** ③ **11** ② **12** will buy **13** until **14** have studied **15** ③ **16** ② **17** ③ **18** Because, get **19** ② **20** ends, will get

04 시간을 나타내는 부사절은 미래라도 현재시제를 씁니다.

05 since는 대개 현재완료와 함께 사용합니다.

06 Because +절, Because of +명사(동명사)

08 시간을 나타내는 부사절은 미래라도 현재시제를 씁니다.

09 unless는 부정의 의미를 나타냅니다.

14 since는 대개 현재완료와 함께 사용합니다.

16 ② will not stop → don't stop
네가 패스트푸드 먹기를 멈추지 않는다면, 너는 더 뚱뚱해질 것이다.
조건을 나타내는 부사절은 미래라도 현재시제를 씁니다.

18 Because + 절, Because of +명사(동명사)/unless는 부정의 의미를 가지고 있으므로 부정문은 쓸 수 없습니다.

19 though:~(비록)일지라도

20 시간을 나타내는 부사절은 미래라도 현재시제를 씁니다.

종/합/문/제 1 p.218~223

01 ⑤ **02** ④ **03** ② **04** not any **05** he can **06** ④ **07** ①,③,⑤ **08** ② **09** ④ **10** ② **11** ① **12** ② **13** ① **14** give it up **15** ② **16** ⑤ **17** ④ **18** few **19** the smartest of **20** for, 3 hours **21** ② **22** The most famous in Seoul **23** ④ **24** ④ **25** the more children watch TV, the fatter they get.

01 한 사람이므로 정관사 a를 써야 합니다.

02 pants는 복수 명사이므로 one이 아닌 복수 명사 ones가 와야 합니다.

03 something+형용사

04 no = not any

05 as ~ as possible = as ~ as 주어+can,

06 that 명사절이 문장의 앞에서 주어로 쓰였을 때는 생략할 수 없습니다.

07 비교급을 강조하는 부사에는 much, even, still, a lot, far가 있습니다.

08 earth 지구는 유일한 존재이므로 the earth로 써야 합니다. 또한 최상급 앞에도 the가 붙습니다.

09 not only A but also B: A뿐 아니라 B도

10 the very: 바로 그

11 by oneself: 혼자 힘으로 / Sara는 여자이므로 oneself를 herself로 바꿔 써야 합니다.

12 each는 단수 취급하므로 단수동사가 와야합니다.

13 권유는 의문문이라도 any가 아니고 some을 사용합니다.

14 it은 대명사이므로 동사 give와 부사 up 사이에만 들어가야 합니다.

15 수사를 나타내는 hundred에는 s가 붙지 않고 dollar, cent에는 복수일 때 s가 붙습니다.

17 unless = if ~ not / Unless the train is late, we will be there in time.=If the train is not late, we will be there in time. 만약 기차가 늦지 않는다면, 우리는 그 곳에 제 시간에 도착할 것입니다.

18 few+셀 수 있는 명사: 거의 ~ 없는

19 the 최상급+of+복수명사

20 for+시간

21 both A and B: A와 B 둘 다를 가리키는 것이므로 복수 동사가 와야 합니다. ② am → are

22 The 최상급+in+장소, famous의 최상급은 most famous이며 Seoul은 장소이므로 in이 와야 합니다.

23 be famous for ~: ~로 유명하다
be interested in~: ~에 관심이 있다

24 ⓐ는 make의 목적격보어로 'TV는 아이들을 행복하게 만든다' 라는 5형식 문장에서 '행복하게'이지만 '행복한(happy)'이라는 뜻을 갖는 형용사가 와야 합니다.

25 the 비교급~, the 비교급~: ~하면 할수록, 더 ~하다

종/합/문/제 2

p.224~229

01 ③ 02 ④ 03 ③ 04 ⑤ 05 ④ 06 ④
07 ④ 08 ④ 09 ① 10 ⑤ 11 throw them away 12 ① 13 ② 14 ④ 15 ③
16 younger than 17 ④ 18 in front of
19 during 20 into 21 ③ 22 myself 23 ③
24 ② 25 my dad made a reservation

01 악기 앞에는 the가 붙는다.

02 water는 셀 수 없는 물질명사이므로 all of가 붙어도 단수 취급합니다.

03 5형식 문장에서 목적보어로 형용사가 올 수 있습니다.

04 information 정보는 셀 수 없는 명사입니다.

05 both는 복수 취급합니다.

06 세상에 하나 밖에 없는 자연물 앞에는 the를 붙입니다.

07 by+무관사+탈것

08 ④ well-better-best

09 동물의 종을 나타내는 경우에는 관사 a 와 the 모두 가능합니다.
a rabbit=the rabbit.

10 a little+셀 수 없는 명사 = some+명사

11 them이 대명사이므로 동사 throw와 부사 away 사이에 와야 합니다.

12 neither A nor B~: A도 B도 ~이 아니다 (부정 표현)

14 ①②③⑤의 밑줄 친 still, far, a lot, even은 비교급 표현을 더욱 강조하는 부사로 쓰였고 ④의 far은 형용사(먼)으로 쓰였습니다.

15 Not only A but also B 표현에서 동사는 B에 맞춥니다.
③ are → am

16 Mark는 Julie만큼 젊지 않다.= Julie는 Mark보다 젊다.

17 상점에 있는 많은 쿠키들 중 일부는 초콜렛 쿠키이고, 나머지 전체가 아닌 일부는 아몬드 쿠키라는 의미입니다.

21 A is different from B: A는 B와 다르다.

22 내 자신을 나타내는 재귀대명사 myself를 써야 합니다.

23 after: ~후에, till: ~까지

24 during+기간

25 unless=if ~ not

MEMO

MEMO

MEMO